Cahier d'exercices 2

CYRIL **BRUNEAU**
TAÏ-MARC **LE THANH**
BERNARD **RICHEBÉ**

Photoshop

Retouches avancées

Quatrième tirage 2007

EYROLLES

61 bd Saint-Germain – 75240 Paris Cedex 05
ISBN : 978-2-212-11695-3

Avant-propos

Faire sourire un visage, intensifier un regard, donner un effet de vitesse, appliquer un tatouage... avec Photoshop, aucune retouche d'image n'est impossible ! Si vous connaissez déjà les rudiments de ce logiciel, vous allez découvrir à travers ce livre résolument pratique les principaux tours de main des professionnels en matière de retouche. Composé de 31 ateliers qui vont à l'essentiel, cet ouvrage va vous prouver l'extraordinaire potentiel de Photoshop, que vous ayez la version CS2, CS, ou une version antérieure.

Véritables pas à pas, illustrant chaque action par une capture d'écran, ces ateliers sont regroupés en chapitres et classés par ordre de difficulté croissante. En tête de chaque atelier figurent le temps de réalisation de l'exercice et la liste des outils abordés. Nous vous conseillons de commencer votre apprentissage par les deux premiers ateliers, car ils expliquent comment paramétrer votre ordinateur et votre imprimante pour obtenir les meilleurs résultats possibles.

Sur le CD-Rom accompagnant cet ouvrage, vous trouverez toutes les images initiales et finales de chaque atelier, classées par dossiers, ainsi que les captures d'écran relatives aux différentes étapes. À vous de jouer...

Table des matières

Facile

Réalisation : 5 min

Outil utilisé :
Couleurs

Paramétrer Photoshop

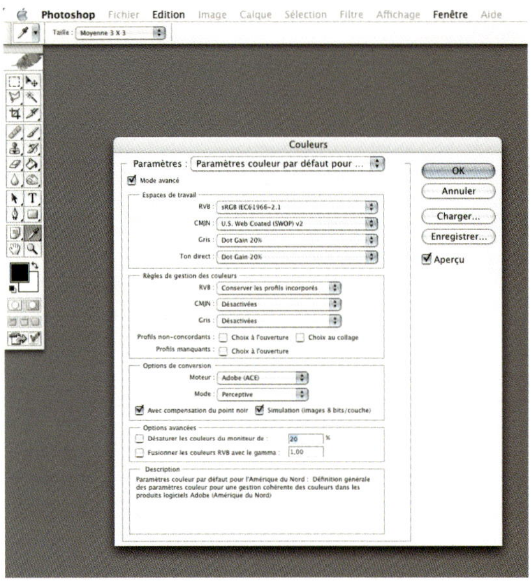

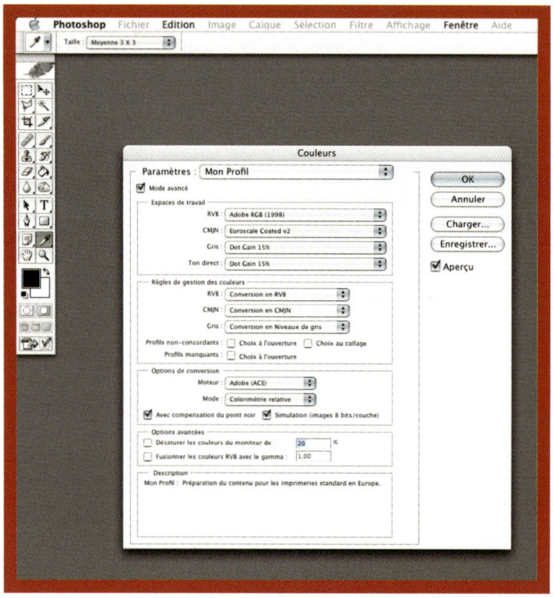

Pour bien utiliser Photoshop et pour que les ateliers présentés dans ce livre fonctionnent correctement, il faut commencer par régler les préférences couleurs du logiciel. Ce paramétrage élémentaire vous évitera notamment de constater des écarts de couleurs importants entre l'image à l'écran et l'image imprimée. Il vous permettra ainsi d'utiliser un espace de travail (Adobe 98) garantissant une bonne gestion des couleurs à l'impression.

Lorsque vous aurez procédé à ces réglages, il vous suffira de quitter Photoshop pour qu'ils soient enregistrés. À partir de là, dès que vous ouvrirez une image non conforme à votre espace de travail, Photoshop la convertira automatiquement dans cet espace pour obtenir un résultat optimal.

Bernard Richebé

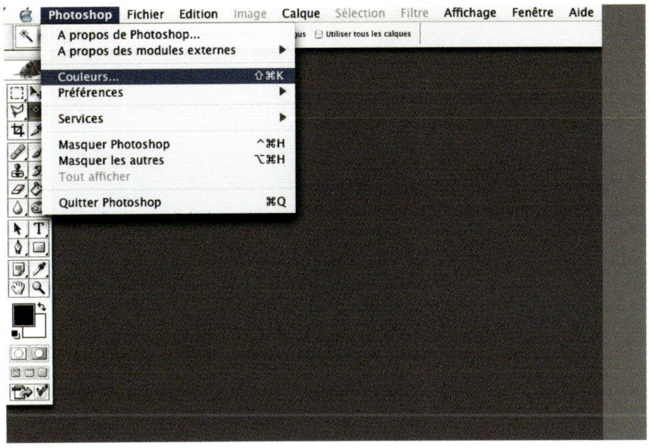

1 Ouvrez Photoshop et allez dans le menu Photoshop> Couleurs pour la version CS et dans le menu Édition> Couleur pour la version CS2.

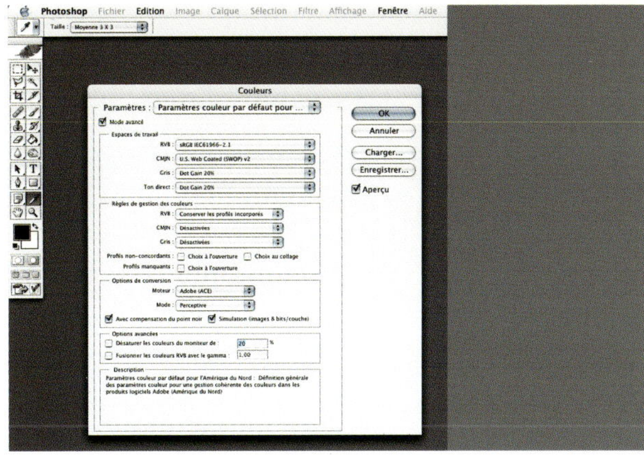

2 La fenêtre Couleurs apparaît à l'écran.

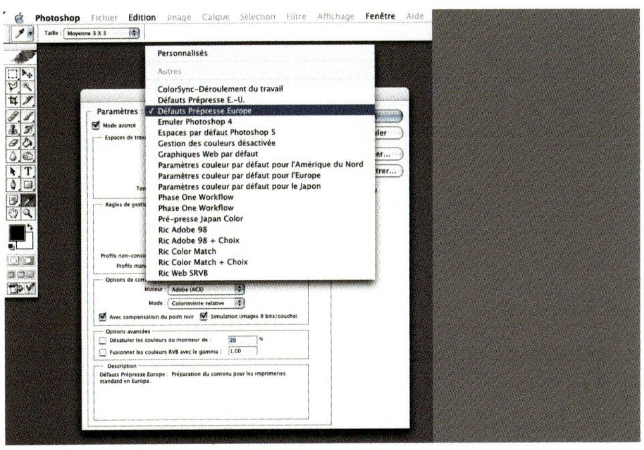

3 Dans le menu déroulant de Paramètres, sélectionnez Défauts Prépresse Europe, ce qui définit, entre autres, Adobe 98 comme espace de travail.

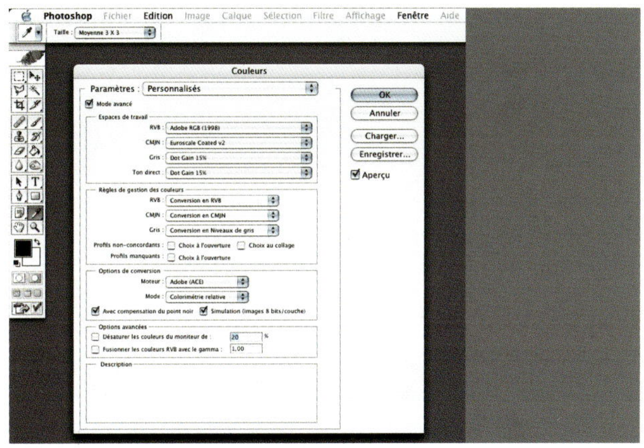

4 Dans la rubrique Règles de gestion de couleurs, choisissez Conversion en RVB, Conversion en CMJN et Conversion en Niveaux de gris. Décochez les cases Choix à l'ouverture (Profils non-concordants et Profils manquants) et Choix au collage.

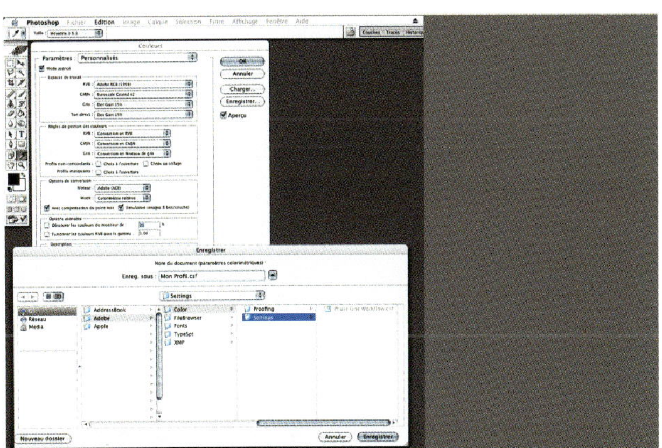

5 Cliquez sur Enregistrer, donnez un nom à votre configuration puis cliquez une nouvelle fois sur Enregistrer. Cliquez enfin sur OK pour valider le tout.

Notre suggestion

Pour ceux qui veulent en savoir plus, Adobe a placé dans la partie basse de la fenêtre Couleurs une description de tous les outils des menus déroulants de la fenêtre. Il vous suffit de placer le pointeur sur l'un des menus déroulants pour lire la description de l'option sélectionnée.

Régler les paramètres d'impression

Facile

Réalisation : 15 min

Outil utilisé :
Gestionnaire d'impression

L'impression d'une photo est souvent la source d'une grande frustration, le résultat n'étant pas toujours à la hauteur des attentes : en particulier, les couleurs observées à l'écran correspondent rarement à celles obtenues sur papier. Pourtant, quelques réglages simples peuvent vous épargner bien des surprises ; s'ils ne résoudront pas tous les problèmes liés à l'impression, ils vous permettront en tout cas d'éviter les erreurs de paramétrage.

Dans cet atelier, vous allez ainsi apprendre à paramétrer le Gestionnaire d'impression pour les marques d'imprimantes les plus courantes : HP, Epson et Canon. Nous débuterons par les réglages communs à toutes les imprimantes, puis nous détaillerons les options à connaître pour chaque pilote d'imprimante.

Une fois votre pilote d'imprimante correctement installé, vous devrez vous assurer que les réglages des préférences de Photoshop sont conformes aux indications décrites dans l'atelier n° 1 « Paramétrer Photoshop » de cet ouvrage. Il est aussi très important de bien préciser votre espace de travail dans Photoshop via le menu Photoshop>Couleurs pour la version CS et via Édition>Couleurs pour CS2. Ici, nous avons choisi l'espace Adobe 98 car il englobe l'espace des périphériques, moniteurs et imprimantes.

Bernard Richebé

Fichier final : imagearrivee02.jpg

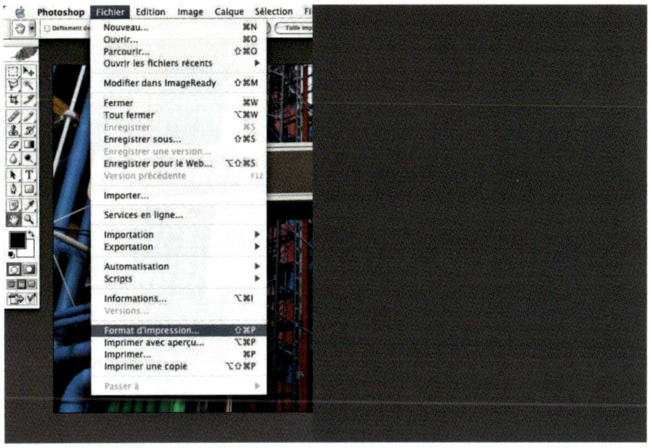

1 Ouvrez l'image dans Photoshop, puis commencez par configurer le format d'impression en allant dans le menu Fichier>Format d'impression.

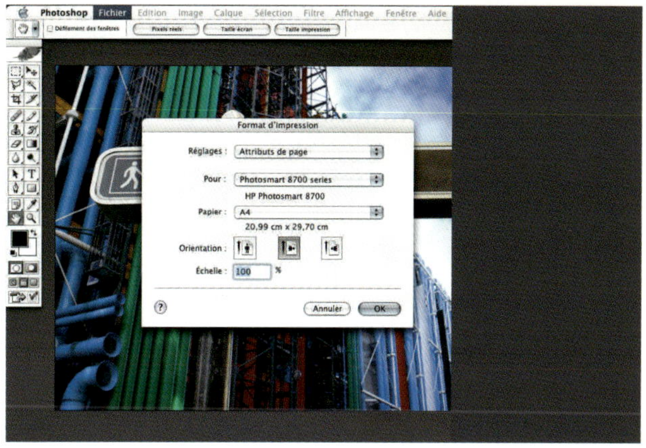

2 Sélectionnez Attributs de page pour le champ Réglages, le modèle de votre imprimante (ici, Photosmart 8700 series) dans le champ Pour, et déterminez la taille et l'orientation du papier. Cliquez sur OK.

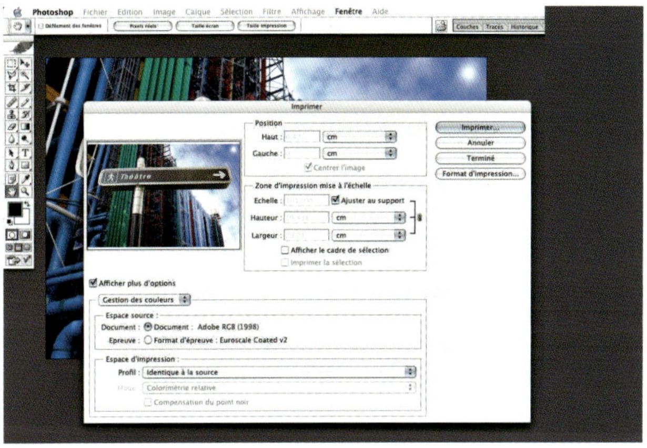

3 Accédez aux réglages via le menu Fichier>Imprimer avec aperçu. Cochez les cases Centrer l'image, Ajuster au support et Afficher plus d'options.

Notre suggestion

Si vos réglages de Photoshop sont corrects, vous devez noter, dans l'onglet Gestion des couleurs, que l'option Document est cochée avec Adobe RGB (1998) et que le profil est réglé à Identique à la source.

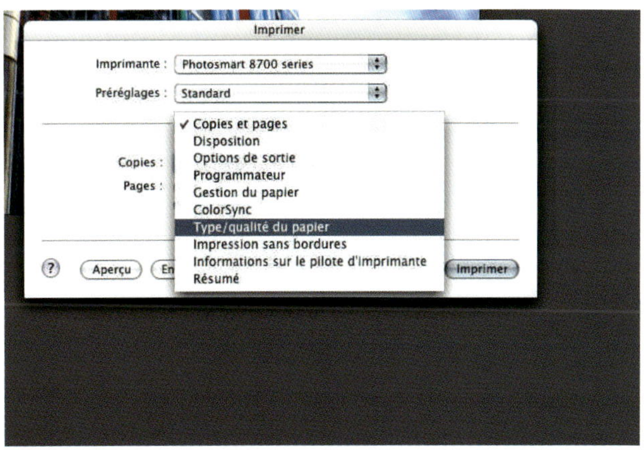

4 Si vous avez une imprimante HP, cliquez sur Imprimer. Une nouvelle fenêtre apparaît : sélectionnez votre modèle d'imprimante (ici, Photosmart 8700 series) dans le champ Imprimante et Type/qualité du papier dans le champ Copies et pages.

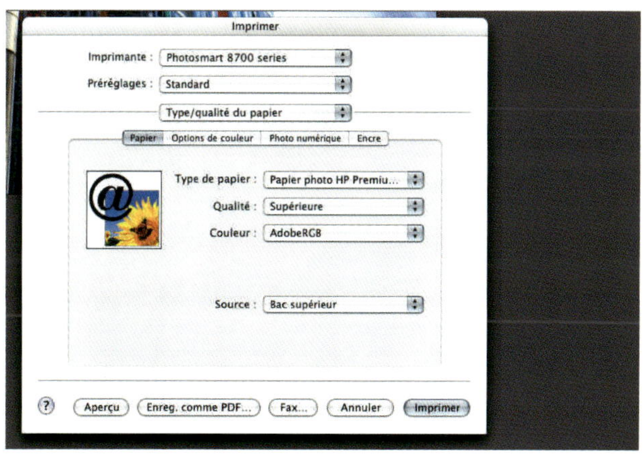

5 La fenêtre s'agrandit. Indiquez le type de papier utilisé (ou le plus approchant), choisissez Qualité supérieure et Couleur AdobeRGB. Dans Options de couleur, vous trouverez d'autres réglages. Cliquez sur Imprimer pour lancer l'impression.

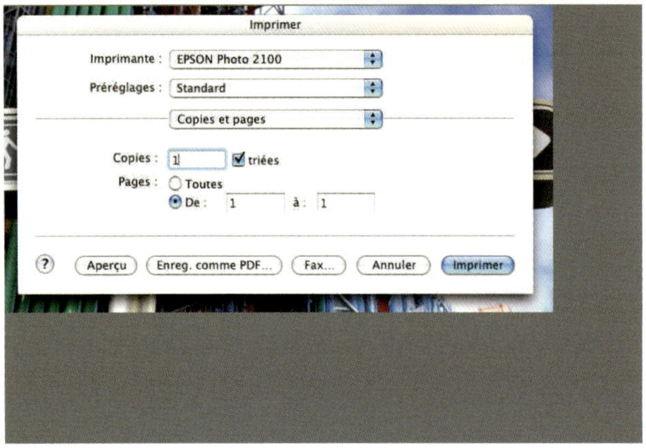

1 Si vous avez une imprimante Epson, reprendre les étapes 1 à 3, mais dans Format d'impression, réglez le champ Pour à Toute imprimante. Cliquez sur Imprimer et choisissez votre modèle d'imprimante (ici, Photo 2100).

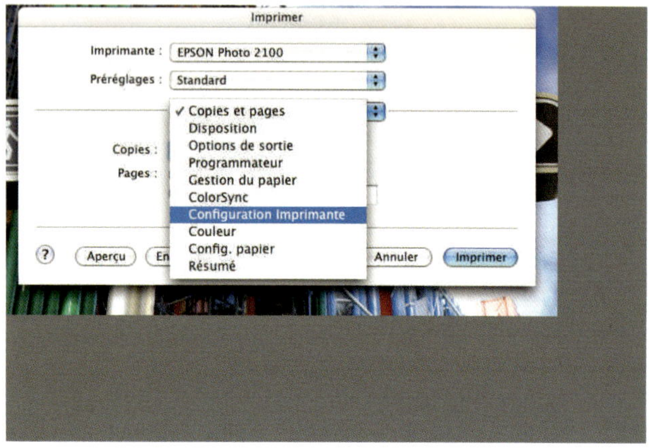

2 Dans le menu déroulant de Copies et pages, sélectionnez Configuration imprimante.

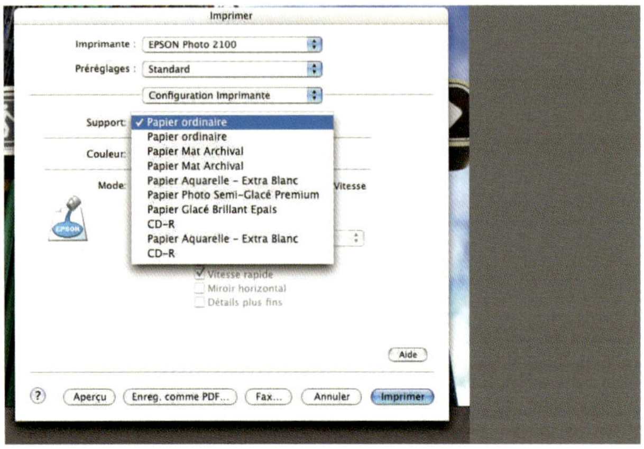

3 La fenêtre s'agrandit, ce qui vous permet de choisir le papier dans le menu déroulant du champ Support.

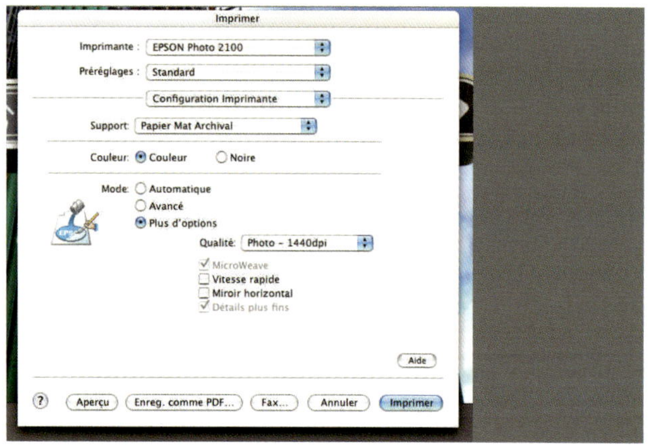

4 Ici, nous avons opté pour Papier Mat Archival. Puis cochez la case Plus d'options, sélectionnez Photo – 1 440 dpi pour le champ Qualité et décochez Vitesse rapide.

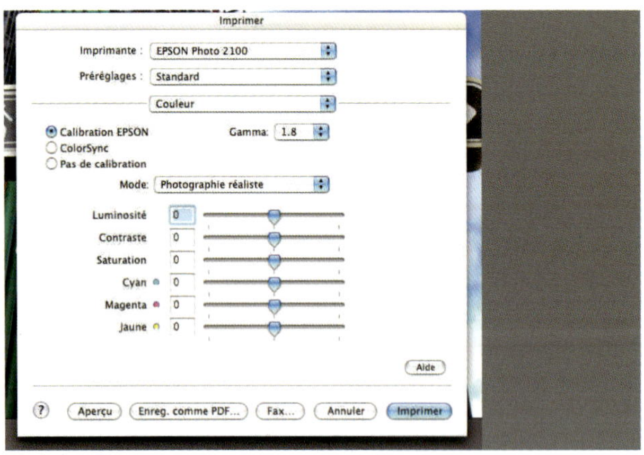

5 Dans le menu déroulant Copies et pages, sélectionnez Couleur. Vérifiez que le mode Photographie réaliste est activé. À l'aide des curseurs, modifiez les valeurs de l'image si nécessaire. Cliquez sur Imprimer pour lancer l'impression.

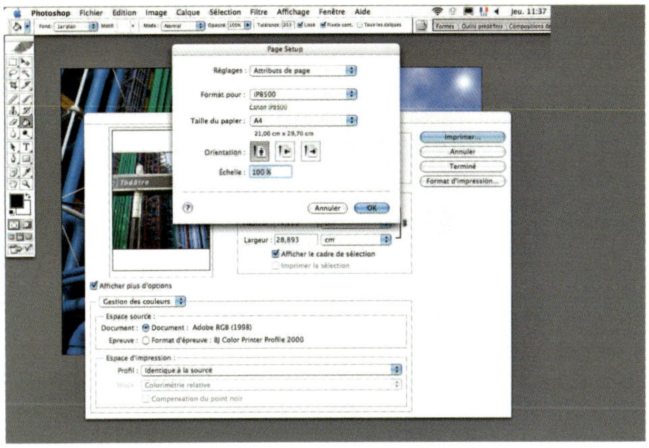

1 Si vous avez une imprimante Canon, allez dans le menu Fichier>Imprimer avec aperçu, puis cliquez sur Format d'impression (autre manière d'y accéder). Dans le champ Pour du menu déroulant, choisissez votre type d'imprimante (ici, iP8500).

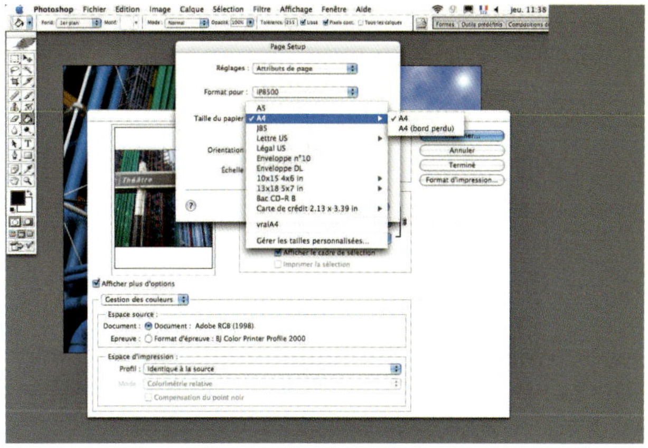

2 Le menu déroulant du champ Taille du papier propose différentes tailles de papier pour imprimer (avec ou sans bord perdu), choisissez celui qui vous convient. Sélectionnez le profil Identique à la source dans l'Espace d'impression.

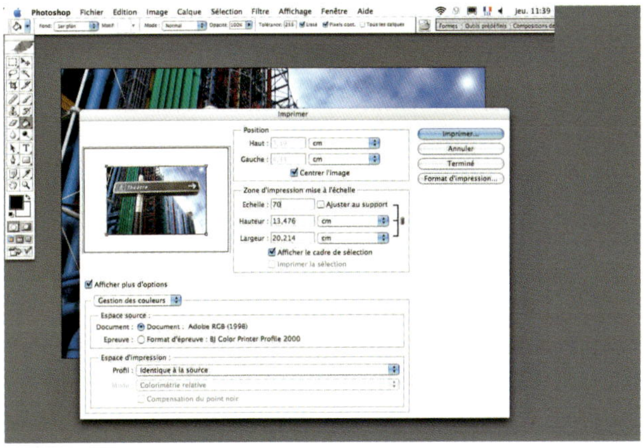

3 Dans la fenêtre Imprimer avec aperçu, vous pouvez également spécifier la taille de l'impression via le champ Échelle : ici, on a choisi 70 %. Cliquez sur Imprimer pour valider : la fenêtre Imprimer apparaît.

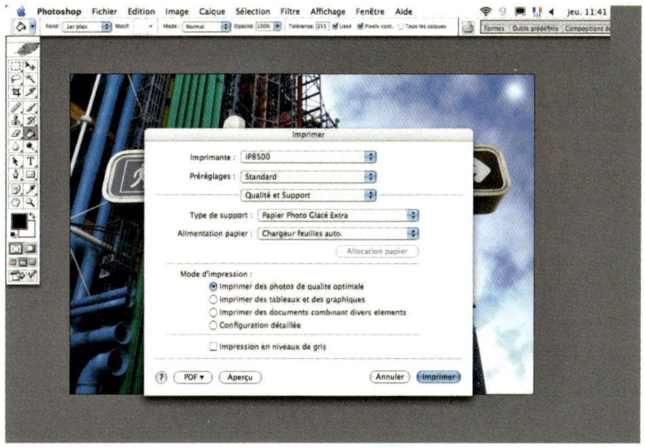

4 Dans le menu Imprimante, choisissez votre modèle d'imprimante. En sélectionnant Qualité et Support dans le troisième menu déroulant, vous pouvez fixer le type de support désiré. Ici, on a coché l'option Imprimer des photos de qualité optimale.

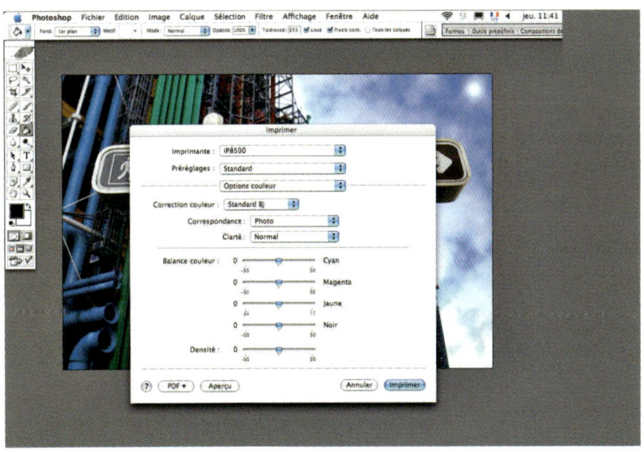

5 Réglez ensuite les Options de couleur en sélectionnant cette option dans le troisième menu déroulant de la fenêtre. Modifiez avec précaution les dominantes de vos impressions à votre convenance.

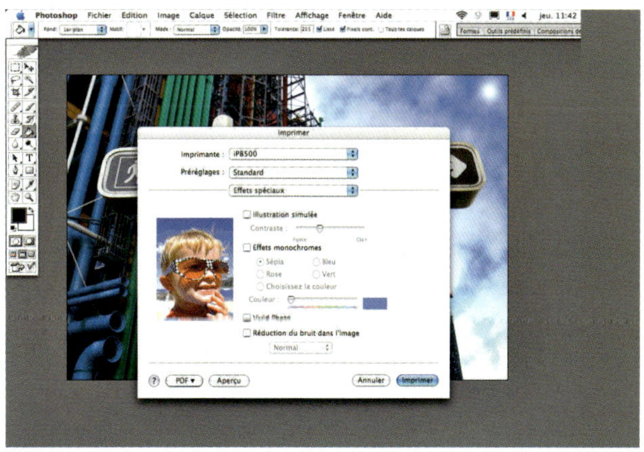

6 Enfin, toujours dans ce menu, sélectionnez l'option Effets spéciaux. Divers effets et réglages sont disponibles comme l'impression imitant la photo sépia ou la réduction du bruit dans l'image. Cliquez sur Imprimer pour lancer l'impression.

Rendre une image plus nette

Facile

Réalisation : 15 min

Outils utilisés :
Filtre Accentuation
Filtre Netteté optimisée
Historique

Avez-vous remarqué que les photos prises au moyen d'appareils numériques (et en particulier, celles issues de capteurs Cmos) manquent souvent de dynamisme ? Pour les rendre plus nettes, il existe plusieurs techniques, avec chacune leurs avantages et leurs inconvénients. Trois d'entre elles sont abordées dans cet atelier : la première méthode fait appel au filtre Accentuation, la deuxième, qui ne s'adresse qu'aux possesseurs de Photoshop CS2, utilise le filtre Netteté optimisée, et le troisième procédé consiste à appliquer le filtre Accentuation sur la couche L de l'image en mode Lab.

Fichier initial : imagedepart03.jpg
Fichier final : imagearrivee03acc.jpg
imagearrivee03nett.jpg
imagearrivee03lab.tif

Cyril Bruneau

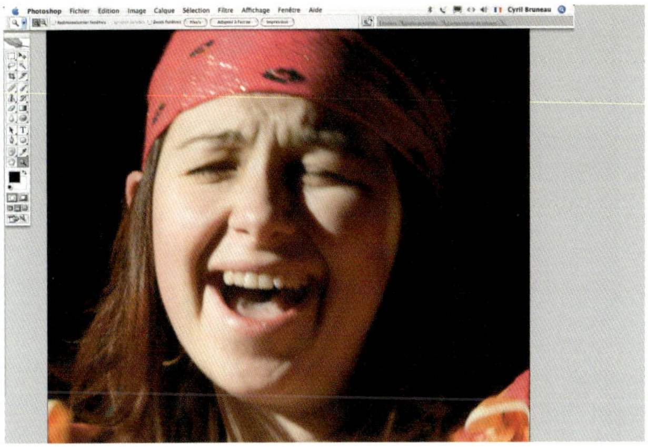

1 Ouvrez l'image de départ (qui est en fait un détail d'une photo prise à 1600 ISO) et passez-la à 100 % en double-cliquant sur l'outil Loupe de la palette d'outils.

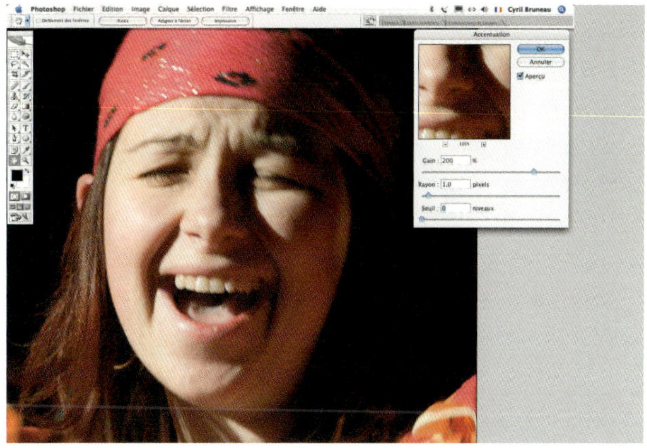

2 Allez dans le menu Filtre>Renforcement>Accentuation. Choisissez une valeur élevée pour le gain afin que l'image obtenue selon cette méthode se distingue bien de celles résultant des deux procédés suivants.

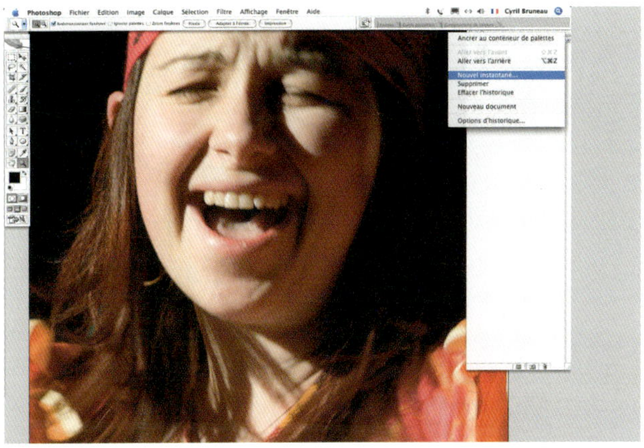

3 Ouvrez la palette Historique via le menu Fenêtre> Historique. En haut à droite de cette palette se trouve une flèche déroulant un menu. Choisissez-y la fonction Nouvel instantané.

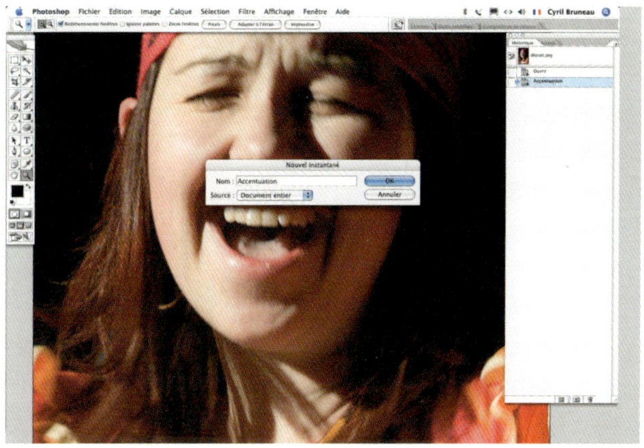

4 Nommez cet instantané Accentuation.

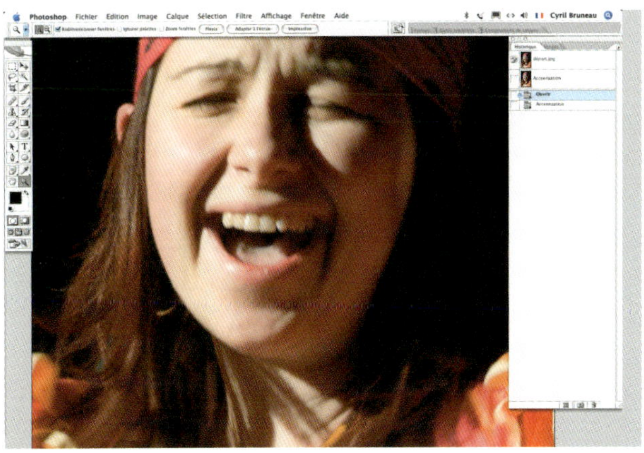

5 Avec la souris, remontez d'une étape dans la palette Historique pour revenir à l'étape Ouvrir.

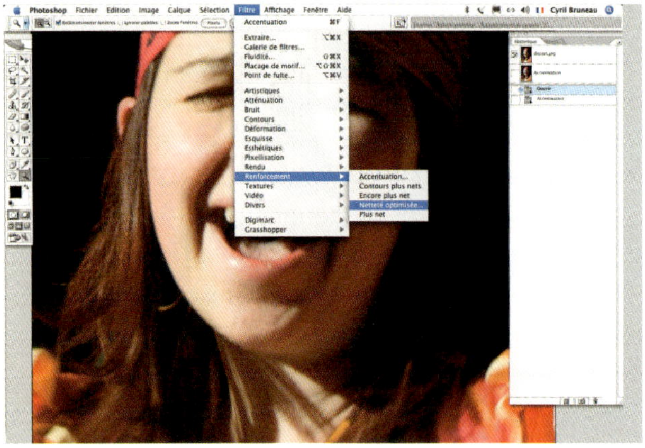

1 Voici une deuxième technique d'amélioration de la netteté, pour ceux qui possèdent la version CS2 de Photoshop. Allez dans le menu Filtre>Renforcement>Netteté optimisée.

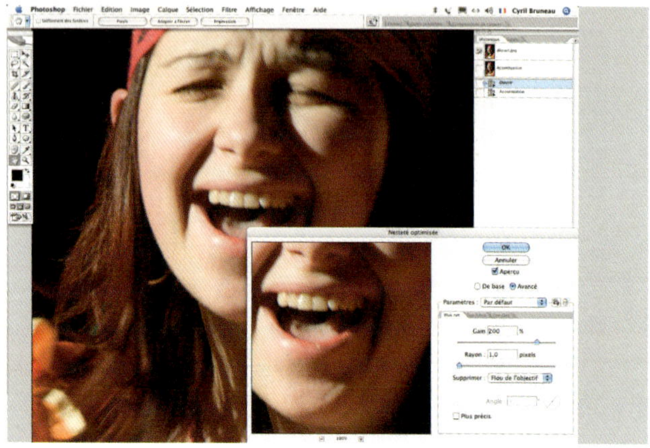

2 Entrez les mêmes valeurs que pour le filtre Accentuation. Cliquez sur l'option Avancé située en haut de la fenêtre. Dans le menu déroulant Supprimer, sélectionnez Flou de l'objectif.

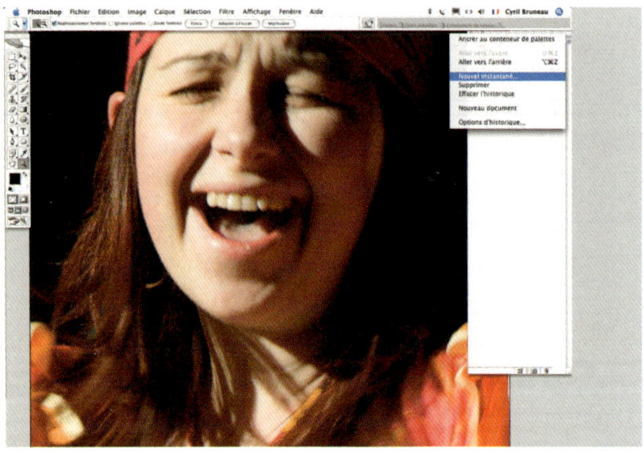

3 Cliquez sur l'onglet Ton foncé. En augmentant l'estompage, vous allez diminuer l'effet du filtre sur les tons foncés, ce qui va améliorer la qualité de l'image car l'accentuation y fait monter le bruit. Validez.

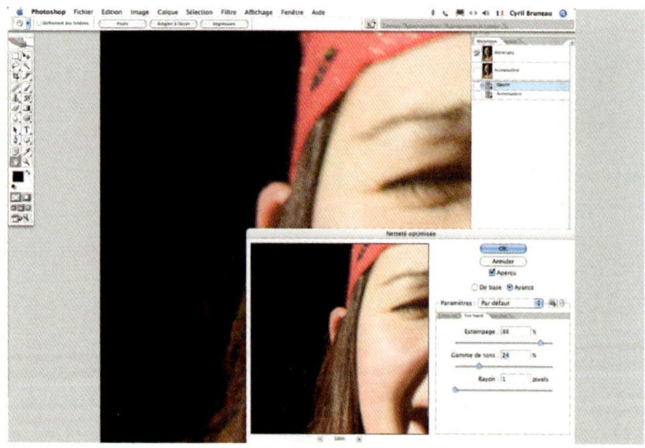

4 Comme précédemment, créez un nouvel instantané et nommez-le Netteté optimisée.

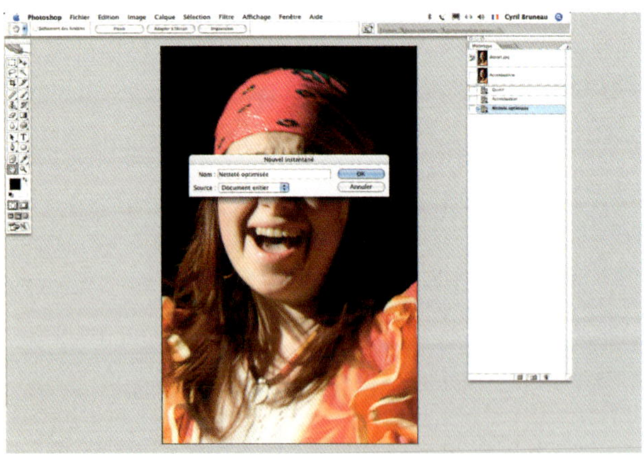

5 De même, remontez dans la palette Historique jusqu'à l'étape Ouvrir.

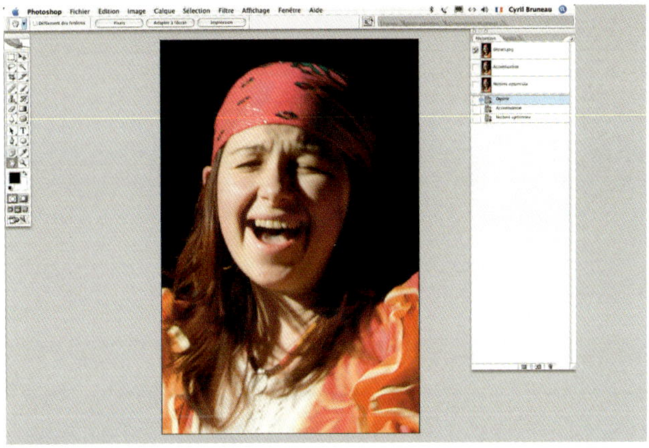

1 Pour rendre une image plus nette, il existe une troisième méthode qui intéressera notamment ceux qui ne possèdent pas Photoshop CS2. Allez dans le menu Image>Mode>Couleurs Lab.

2 Via le menu Fenêtre, affichez la fenêtre Couches et sélectionnez la couche L pour n'agir que sur cette couche. Cliquez sur l'œil se trouvant à côté de la couche Lab pour visualiser l'effet de votre manipulation future sur l'image.

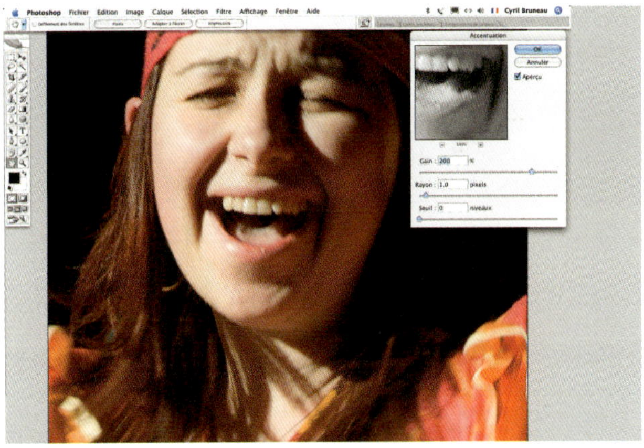

3 Après avoir passé la photo à 100 % et fait disparaître les fenêtres, allez dans le menu Filtres>Renforcement>Accentuation. Entrez les mêmes que précédemment et validez par OK.

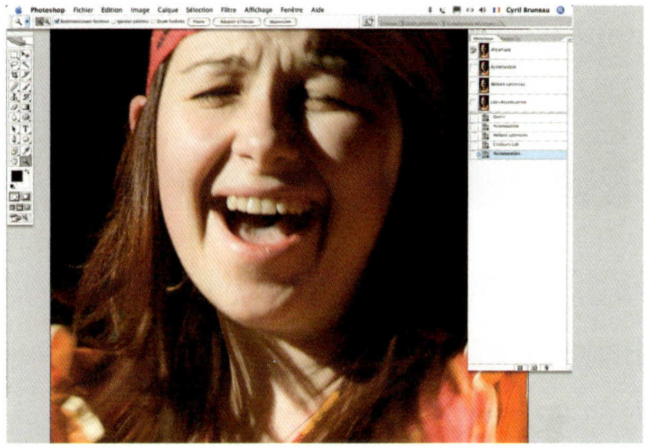

4 Faites réapparaître la palette Historique grâce au menu Fenêtre. Créez un nouvel instantané et nommez-le Lab+Accentuation.

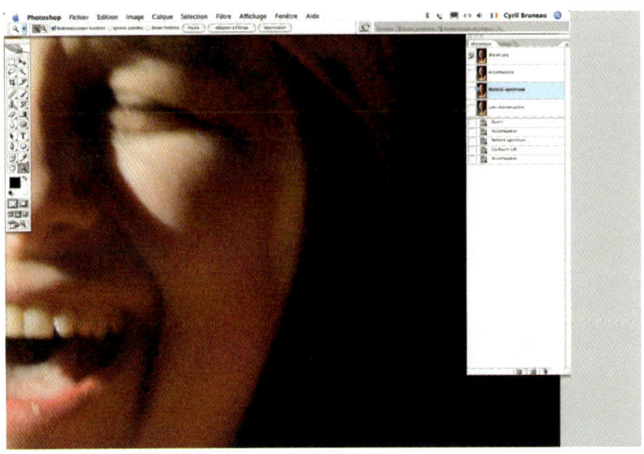

5 En cliquant sur les différents instantanés de la palette Historique, comparez les différents effets de ces techniques à plusieurs niveaux d'agrandissement. Choisissez l'instantané qui vous convient et enregistrez l'image.

Ajouter de la matière

Assez facile

Réalisation : 15 min

Outils utilisés :
Calque
Masque de fusion
Filtre Bruit

Cette photo très détaillée d'un moteur de Harley n'offre aucun défaut et semble parfaite… trop parfaite peut-être ! En effet, certaines zones du cadre, du moteur et du sol semblent être en plastique, comme s'il s'agissait d'aplats de couleurs. Pour leur donner un peu de matière, vous allez utiliser un filtre de Photoshop. Contrairement à ce que l'on pourrait croire, le filtre Grain du sous-menu Textures ne conviendra pas ici car il ne possède pas d'option monochrome : une fois traitée avec ce filtre, l'image prendrait l'apparence d'un film négatif couleurs, ce qui n'est pas l'effet recherché. Le filtre Bruit s'avère plus intéressant car plus modulable dans ses réglages, et surtout il reste neutre vis-à-vis de l'image. En appliquant de la matière par petites touches, la photo paraîtra moins « plate » et plus réaliste.

Bernard Richebé

Fichier initial : imagedepart04.jpg
Fichier final : imagearrivee04.jpg

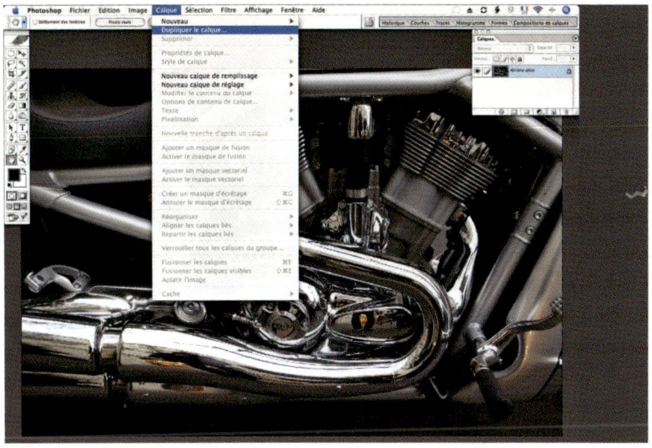

1 Comme toujours, il est préférable, voire fortement recommandé, d'effectuer une copie du calque initial de l'image. Allez dans le menu Calque>Dupliquer le calque et nommez ce nouveau calque Effet Grain.

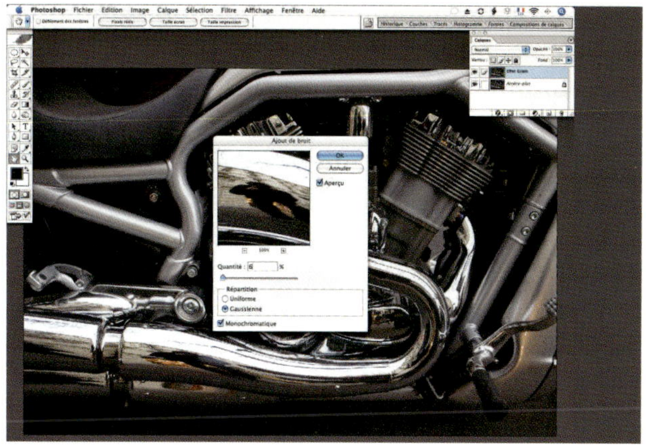

2 Allez dans le menu Filtre>Bruit>Ajout de bruit. Remplissez les paramètres comme indiqué. L'effet est visible sur l'image en arrière-plan. Si ce n'est pas le cas, vérifiez que la case Aperçu est bien active.

3 Le calque Effet Grain sélectionné, cliquez sur l'icône Ajouter un masque de fusion tout en appuyant sur la touche Alt.

4 Un masque de fusion se crée et le bruit sur l'image disparaît. En effet, en appuyant sur la touche Alt, le masque de fusion se remplit automatiquement de la couleur noire, ce qui annule le bruit sur ce calque.

5 Inversement, le bruit réapparaîtra en brossant en blanc l'image avec le pinceau. Appuyez sur B pour activer l'outil Pinceau, choisissez une taille de brosse de 200 pixels et brossez dans l'image les parties grises du moteur.

6 Faites de même avec le cadre et le sol. Assurez-vous que le masque de fusion est bien sélectionné, sinon cliquez sur sa vignette dans le calque Effet Grain. Brossez avec le blanc pour révéler l'effet et avec le noir pour l'effacer.

Utiliser Camera Raw

Facile

Réalisation : 15 min

Outil utilisé : Camera Raw

Aujourd'hui, beaucoup d'appareils photo numériques offrent la possibilité de prendre des photos au format RAW. Ce format permet de récupérer toutes les données que le capteur a enregistrées sans que l'appareil n'ait à effectuer de traitement, un peu comme s'il s'agissait d'un négatif numérique. Grâce au module externe Camera Raw de Photoshop, vous pouvez alors développer numériquement votre image comme bon vous semble. Certes, si vous laissez votre appareil décider des réglages à votre place, vous gagnerez un peu de temps, mais vous prendrez le risque qu'il n'effectue pas exactement ce que vous souhaitez. L'exemple présenté dans cet atelier montre ainsi comment ce module Camera Raw peut corriger les réglages automatiques (exposition, température de couleur) de l'appareil. Si le fichier avait été au format JPEG, l'image aurait été difficile, voire impossible à rectifier.

Cyril Bruneau

Fichier initial : imagedeparto5.jpg

Fichier final : imagearriveeo5.CR2

1 Ouvrez la photo prise au format RAW avec Photoshop : la fenêtre de Camera Raw s'ouvre par défaut.

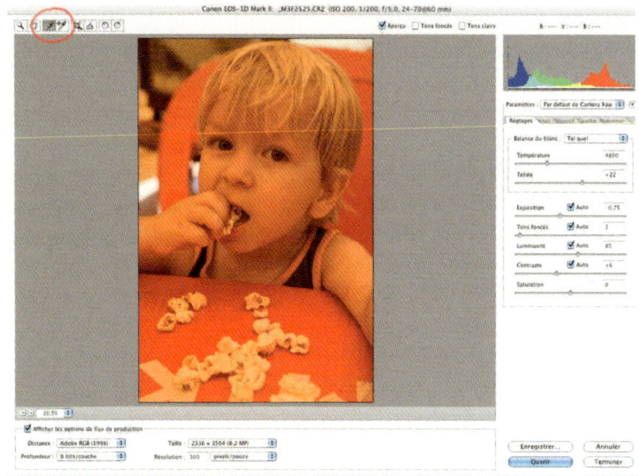

2 L'image apparaît très jaune : il va donc falloir redéfinir la balance des blancs. Pour cela, sélectionnez la pipette Balance des blancs située en haut à gauche de la fenêtre.

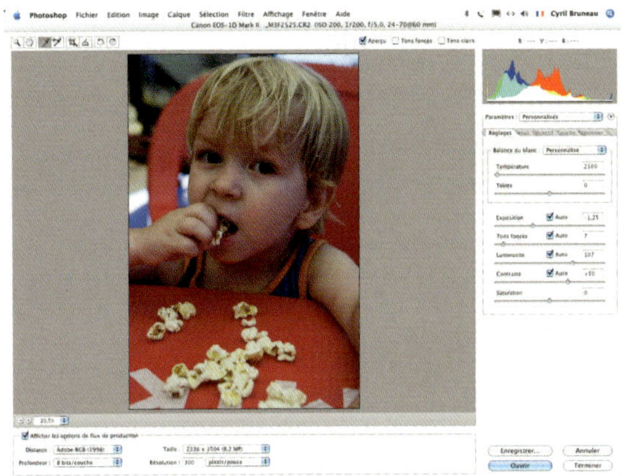

3 Cliquez sur une partie de l'image qui aurait dû avoir une couleur neutre (un gris ou un blanc). Essayez, par exemple, avec les zones blanches de la nappe. La photo devient maintenant trop sombre.

4 Augmentez la valeur de l'exposition pour éclaircir un peu l'image. Attention, dans la version CS2 de Photoshop, les réglages par défaut de Camera Raw utilisent l'option Auto ; avec CS, ils sont à zéro.

5 Lorsque vous accentuez l'exposition, vous pouvez cocher la case Tons clairs en haut de la fenêtre pour distinguer les valeurs qui seront brûlées : ces zones apparaissent en rouge dans la fenêtre de visualisation.

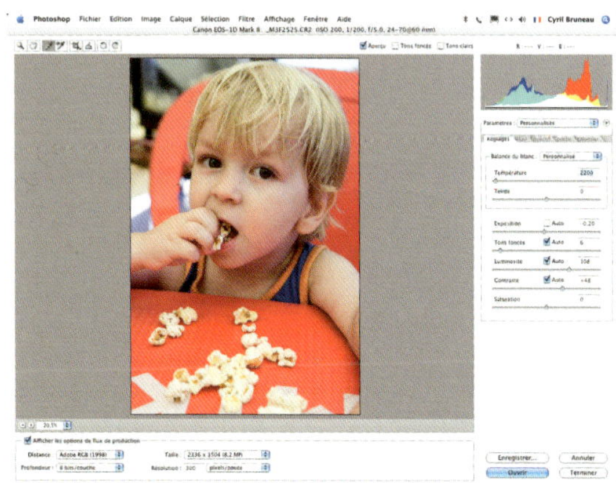

6 N'hésitez pas à affiner le réglage en déplaçant le curseur de la température de couleur. Plus vous l'augmenterez, plus vous réchaufferez l'image.

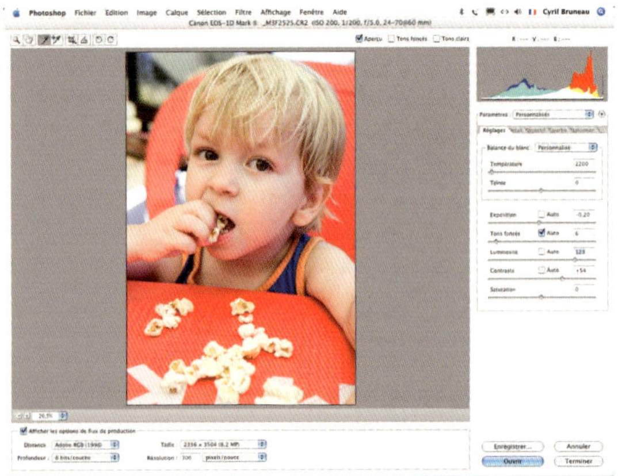

7 Le réglage des tons foncés est correct (6 est une valeur satisfaisante pour cette image). Ajustez la luminosité et le contraste.

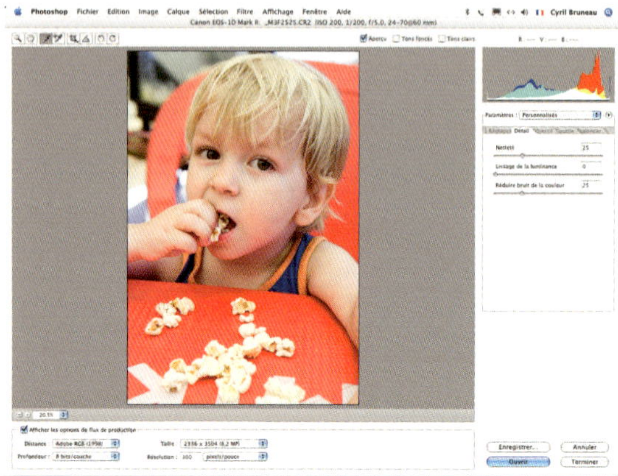

8 Cliquez sur l'onglet Détail situé à droite de la fenêtre pour faire apparaître d'autres réglages.

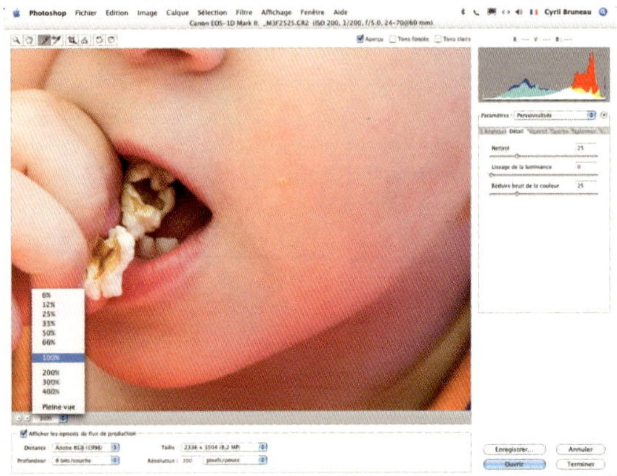

9 Pour ajuster la netteté, réglez le zoom à 100 % afin de bien distinguer les détails. Pour cela, utilisez l'outil Loupe ou le menu déroulant situé en bas à gauche de l'image.

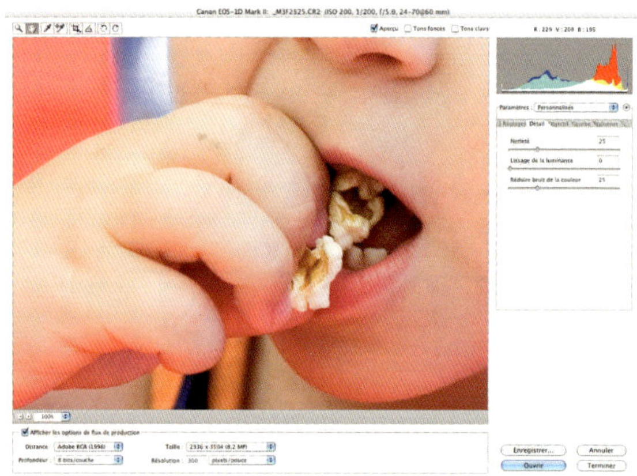

10 Placez-vous dans une partie de l'image présentant des détails pour visualiser les modifications apportées. Pour vous déplacer, utilisez l'outil Main, situé en haut à gauche de la fenêtre (vous pouvez aussi l'activer en appuyant sur la barre d'espace).

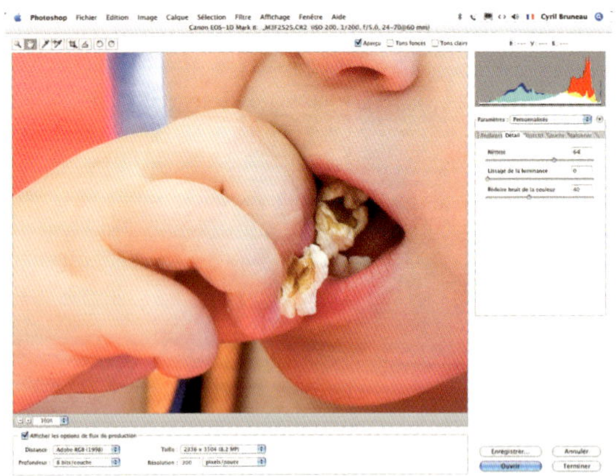

11 Déplacez le curseur de netteté jusqu'à une valeur adéquate. En augmentant la netteté, on accentue souvent aussi le bruit. Vous pouvez essayer de le réduire grâce au curseur de réduction de bruit.

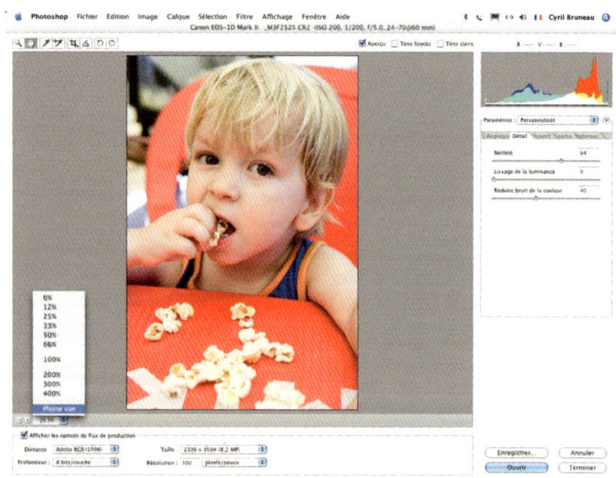

12 Revenez à un affichage en mode Pleine vue. Si l'image vous convient, il vous reste à effectuer maintenant les derniers réglages de flux de production.

13 Quatre menus déroulants sont proposés en bas de la fenêtre. Le menu Distance vous permet de choisir le profil colorimétrique de votre image. Le profil Adobe RGB (1998) est celui qui couvre la plus grande gamme de couleurs.

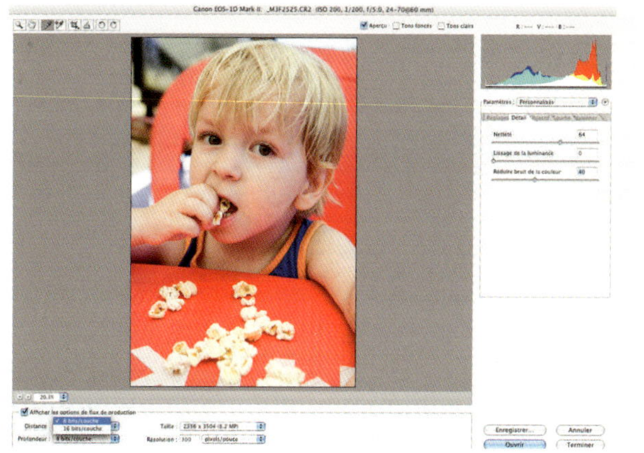

14 Le menu Profondeur permet de choisir la profondeur de couleur de votre image : 8 ou 16 bits par couche. Si vous voulez travailler avec le maximum d'informations, optez pour 16 bits, mais l'image sera plus lourde. Ici, 8 bits suffiront largement.

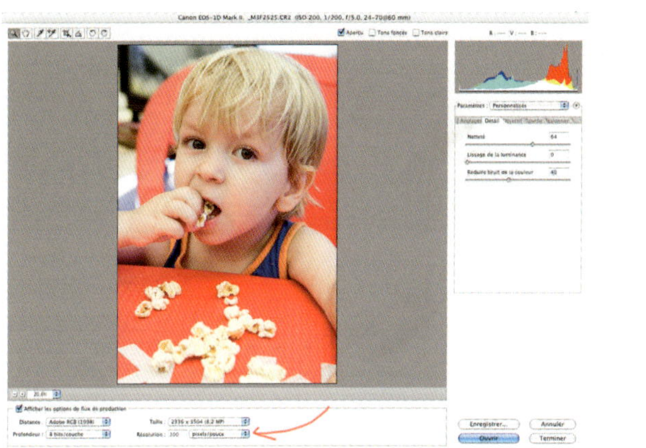

15 Le menu Taille permet de diminuer ou d'augmenter la taille de l'image, tandis que le menu Résolution permet de choisir la valeur de résolution. Une valeur de 300 pixels par pouce correspond à la taille d'impression pour l'imprimerie.

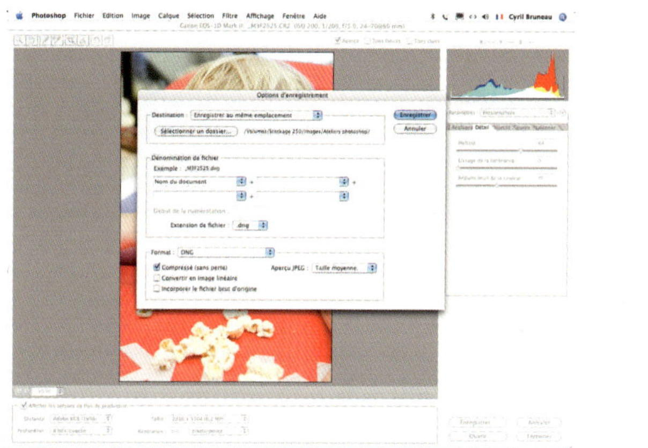

16 Vous pouvez ouvrir l'image dans Photoshop en cliquant sur Ouvrir pour continuer à travailler sur votre image, mais vous pouvez aussi l'enregistrer directement en cliquant sur Enregistrer.

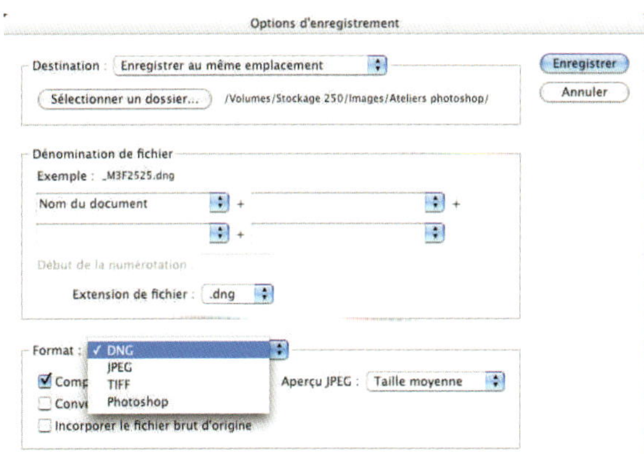

17 En enregistrant votre image au format DNG, vous l'enregistrez dans un format brut ouvert qui vous permettra de revenir sur vos réglages si vous le souhaitez. Appuyez sur Enregistrer puis sur Terminer.

Notre suggestion

Si vous souhaitez archiver vos fichiers RAW, il est conseillé de les sauvegarder au format DNG qui sera lu par un plus grand nombre d'applications et durant de nombreuses années, ce qui ne sera peut-être pas le cas du format RAW proposé par votre appareil. En effet, chaque appareil possédant son format RAW spécifique, il est probable que les applications futures ne géreront pas les formats RAW de tous les modèles des dix dernières années.

Accentuer globalement le contraste

Assez facile

Réalisation : 15 min
Outils utilisés :
Calque
Filtre Passe-Haut

Comment améliorer à la fois la netteté et le contraste général d'une image ? Et comment réaliser cette opération simplement ? Rien de plus facile grâce au filtre Passe-Haut de Photoshop, que l'on va détourner de sa fonction d'origine. Conçu initialement pour ne garder que les contours des aplats de couleurs sur une image, il constitue un bon exemple d'outil qui s'avère très efficace pour totalement autre chose. Il se révèle en effet remarquable pour donner plus de netteté et de contraste à une photo, et en particulier aux prises de vue numériques qui demandent souvent plus de vigueur pour être exploitables. Cet atelier pourra être avantageusement associé à la création d'un script (voir l'atelier n° 12 « Automatiser une retouche »), ce qui le rendra redoutable d'efficacité et de productivité.

Bernard Richebé

Fichier initial : imagedeparto6.jpg
Fichier final : imagearriveeo6.jpg

1 Après avoir affiché la palette des calques, allez dans son menu déroulant et sélectionnez Dupliquer le calque. Ou bien glissez le calque sur l'icône Créer un nouveau calque, située en bas de la fenêtre. Nommez ce calque Effet 1.

2 Rendez-vous dans le menu Filtre>Divers>Passe-Haut, en vous assurant que le calque Effet 1 soit bien sélectionné. Pour effectuer une retouche, il est en effet préférable d'utiliser une copie du calque d'origine. Et ici, c'est indispensable.

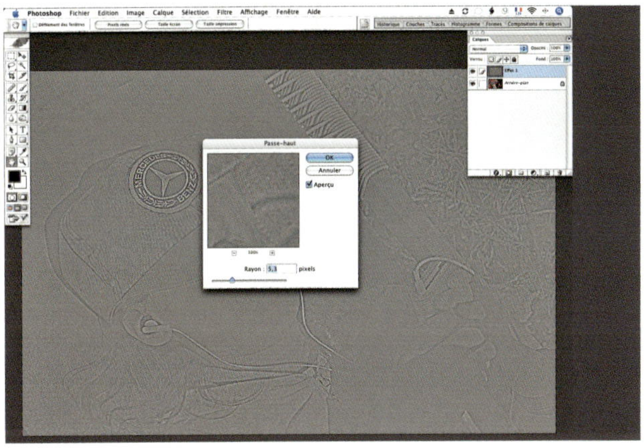

3 Le filtre Passe-Haut ne dispose que d'un réglage : réglez le rayon d'action à 5,3 pixels. Une valeur plus grande entraînerait une transition trop forte, ce qui ferait apparaître un contour entre les couleurs.

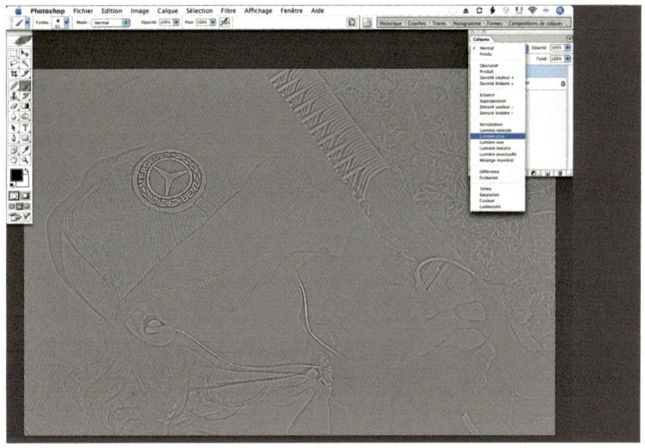

4 Le résultat est plutôt décevant ! Allez dans le menu situé en haut à gauche dans la palette des calques et choisissez Lumière crue.

5 Aussitôt l'option de calque activée sur Lumière Crue, l'image reprend une apparence normale, apparaissant plus nette et plus contrastée.

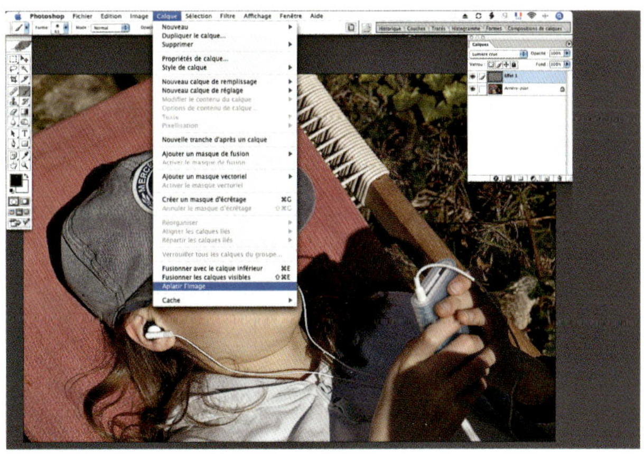

6 Allez dans le menu Calque>Aplatir l'image. Les deux calques fusionnent en un calque nommé Arrière-plan.

Accentuer localement le contraste

Difficile

Réalisation : 20 min

Outils utilisés :
Calque de réglage
Luminosité/Contraste
Courbes
Masque de fusion
Pinceau

Il arrive bien souvent qu'on soit tenté de renforcer le contraste et les couleurs d'une photo. Mais dans la plupart des cas, cette opération ne peut s'envisager sur l'image entière, car en accentuant le contraste global, on « boucherait » les ombres. La solution consiste alors à utiliser localement les outils Luminosité/Contraste et Courbes, en recourant à un calque de réglage et à son masque de fusion qui révéleront ou effaceront les réglages des contrastes et des couleurs de la photo.

Cette méthode offre de nombreux avantages : outre le fait d'agir localement, elle permet de pouvoir revenir sur les tâches effectuées. En effet, en agissant sur le masque de fusion et non sur l'image, cette dernière reste intacte malgré les retouches. Les corrections sont appliquées via le masque de fusion qui agit ainsi comme un pochoir, modifiable à volonté.

Bernard Richebé

Fichier initial : imagedepart07.jpg
Fichier final : imagearrivee07.jpg

1 Allez dans la palette des calques et en maintenant la touche Alt enfoncée, cliquez sur l'icône Créer un nouveau calque de réglage et choisissez l'option Courbes. Renommer le calque : Print.

Notre suggestion

La palette des calques propose deux menus contextuels : le menu Mode, qui définit la manière dont le calque agit sur l'image, et le menu Opacité, qui permet d'atténuer cette action. Ici, les calques doivent avoir pour mode de fusion Luminosité, afin de ne pas modifier les couleurs de l'image quand on agit sur les courbes. Seul le mode du calque de l'étape 3 est à régler sur Lumière tamisée pour raviver les couleurs de l'herbe.

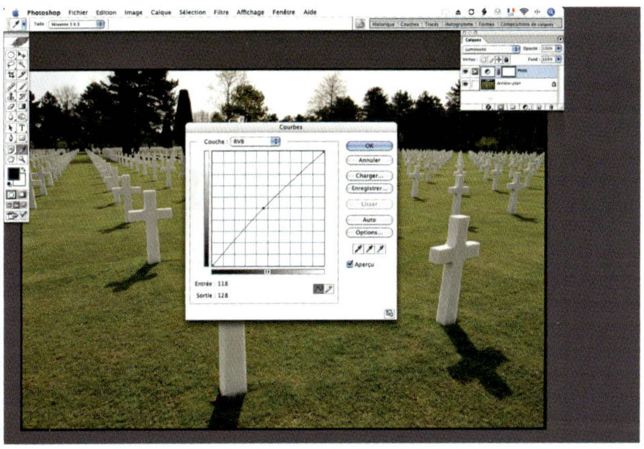

2 Dans la fenêtre Courbes, déplacez le milieu du segment vers la gauche, puis validez : l'image s'éclaircit dans les tons moyens. Vous allez maintenant créer deux calques : Courbes 1 pour accentuer le contraste, Courbes 2 pour déboucher les ombres.

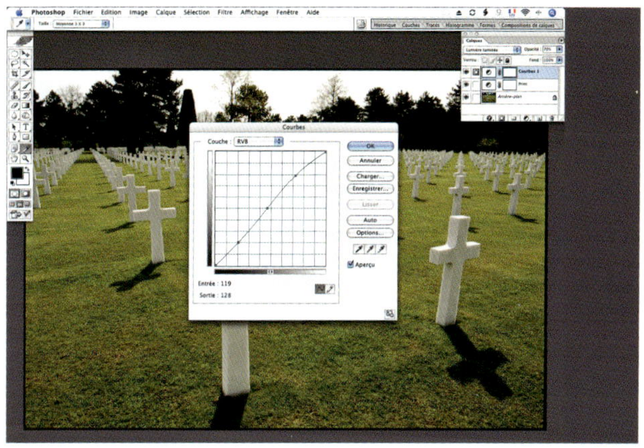

3 Créez un autre calque de réglage Courbes et réglez le mode de fusion sur Lumière tamisée. Donnez à la courbe une forme de S, en disposant trois points d'ancrage avec la souris. Cette courbe va renforcer le contraste global de l'image.

4 Activez le pinceau via la touche B et sélectionnez dans la palette d'outils le noir comme couleur de premier plan. Puis brossez les arbres situés au fond de l'image : le contraste trop accentué dans cette zone disparaît.

Notre suggestion

Pour faciliter votre retouche, sélectionnez une forme de brosse adaptée à votre travail. Les tailles de brosses de l'outil actif sont accessibles et modifiables depuis la barre d'options, située en haut sous la barre des menus, ou par un clic droit dans l'image (Ctrl + clic sur Mac). Quand vous brossez avec le pinceau dans un calque de réglage, le noir permet d'effacer l'effet, le blanc de le restaurer. Pour plus de finesse, vous pouvez aussi ajuster l'opacité du pinceau via la barre d'options.

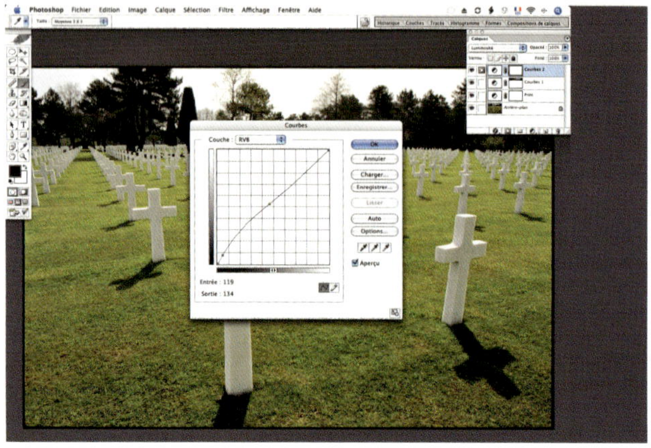

5 Créez un nouveau calque de réglage Courbes. Disposez un premier point d'ancrage au milieu de la courbe sans la déplacer, et un deuxième dans sa partie basse : incurvez la courbe des parties sombres de l'image, ce qui va les éclaircir.

6 Choisissez le noir comme couleur d'arrière-plan. Via Édition>Remplir, remplissez le calque avec cette couleur. Fixez le blanc comme couleur de premier plan et brossez avec le pinceau le haut de l'image : les arbres s'éclaircissent.

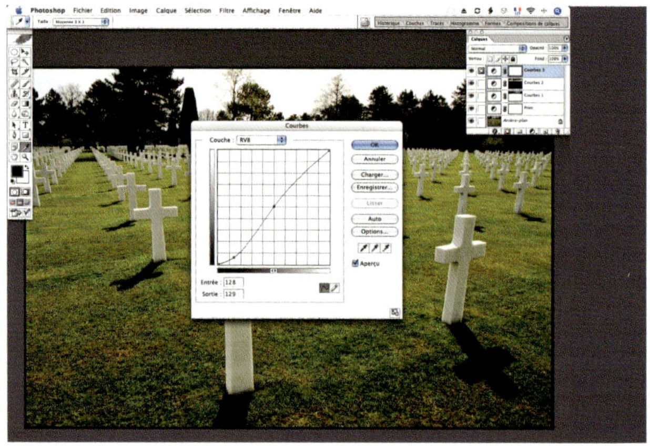

7 Créez un calque de réglage Courbes nommé Courbes 3, mais inversez comme indiqué le sens de la courbe pour foncer les parties sombres de l'image. Ce calque va vous servir à foncer l'ombre des croix.

Notre suggestion

Dans la fenêtre Courbes, déplacez la ligne droite pour agir sur l'image. Le sens du dégradé situé en bas peut être modifié, mais il est préférable de le laisser par défaut, c'est-à-dire le noir à gauche et le blanc à droite. Dans cette configuration, les blancs de l'image se situent en haut et les noirs en bas.

Notre suggestion

Dans la fenêtre Courbes, vous pouvez cliquer sur la ligne, sans la déplacer, afin de la maintenir par un point d'ancrage : ces points sont utiles par exemple pour créer une courbe en S qui renforcera le contraste. Ainsi, vous pouvez agir uniquement sur les zones claires de la photo en plaçant plusieurs points d'ancrage dans la partie basse de la courbe (correspondant aux zones sombres de l'image) : en déplaçant la courbe, elle ne bougera pas dans sa partie basse.

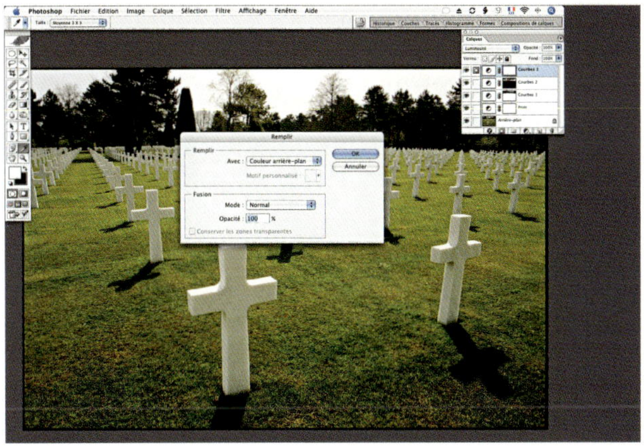

8 Sélectionnez le noir comme couleur d'arrière-plan. Via le menu Édition>Remplir, réglez l'option Avec : à Couleur arrière-plan. L'effet du calque Courbe 3 s'annule alors. N'oubliez pas de choisir Luminosité comme mode de fusion.

9 Agrandissez l'image à l'aide de la loupe et pressez sur B pour sélectionner l'outil Pinceau. Choisissez 65 pixels comme taille de brosse et 0 % comme dureté. Brossez les ombres des croix avec du blanc pour les foncer.

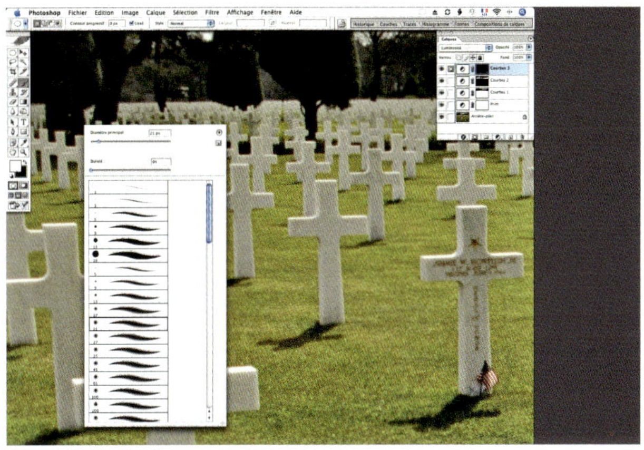

10 Brossez les ombres des croix en adaptant la taille de la brosse aux zones à retoucher. Pour effacer toute erreur éventuelle, réglez la couleur du premier plan sur le noir. En appuyant sur la touche X, vous permutez directement du blanc au noir.

11 Cliquez sur l'œil situé devant chaque calque pour le rendre visible ou non. Vous pourrez ainsi apprécier l'effet sur l'image et les retouches à effectuer. Aplatissez l'image (via Calque>Aplatir l'image) pour la sauvegarder sans ses calques.

Corriger une photo surexposée

Difficile

Réalisation : 20 min

Outils utilisés :
Calque
Pinceau
Sélection
Filtre Accentuation

Quand une photo est composée de grandes zones claires, celles-ci sont très souvent « brûlées » si bien que les détails dans ces zones sont perdus. Que ce soit dû à une mauvaise mesure de la lumière, ou à une erreur de l'exposition de l'appareil, le résultat reste le même : l'image est plate ! Comment remédier à ce problème ? On peut toujours refaire la photo, et dans cet esprit, un appareil numérique offre tous les outils permettant de repérer une surexposition. L'écran de contrôle donne une appréciation assez précise, et l'histogramme de l'image, qui s'affiche si l'on règle les préférences d'affichage dans ce sens, permet d'éviter le pire.

Mais grâce à Photoshop, il est aussi possible de rectifier certains défauts d'exposition, en utilisant les calques de réglage et les options de fusion sur les parties trop claires de la photo. Dans cette vue d'une montée de télésiège vers les sommets, la neige est fade et l'image manque de profondeur. Nous allons lui redonner corps…

Bernard Richebé

Fichier initial : imagedeparto8.jpg
Fichier final : imagearriveeo8.jpg

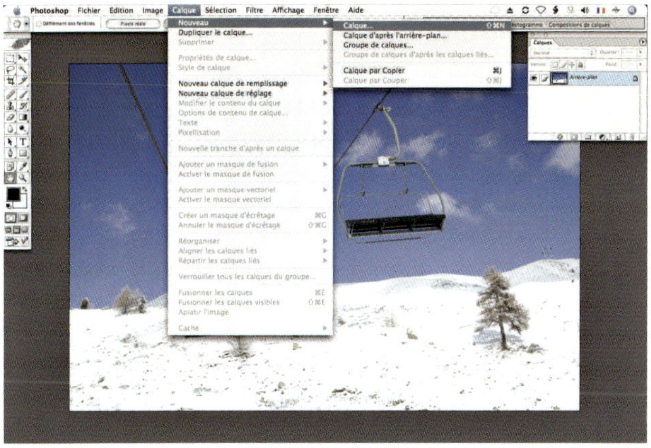

1 Allez dans le menu Calque>Nouveau>Calque pour créer un calque. Notez qu'il existe des raccourcis clavier indiqués dans les menus de Photoshop : une bonne connaissance de ces raccourcis vous fera gagner du temps.

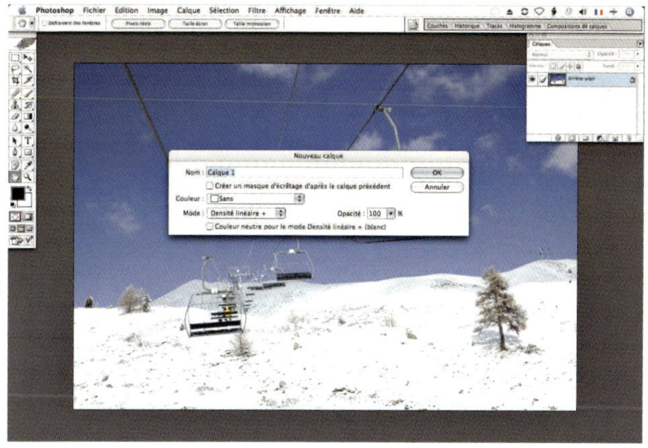

2 Laissez le nom tel quel (Calque 1) et choisissez Densité linéaire + dans le menu déroulant Mode. Ce calque va ajouter de la matière dans les parties très claires de l'image. Si la palette des calques n'est pas active, affichez-la via le menu Fenêtre.

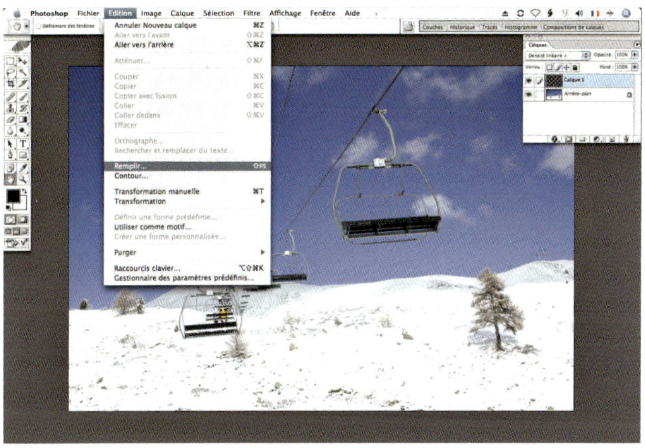

3 Pressez la touche D pour rétablir les couleurs par défaut, Noir au premier plan, dans la palette d'outils. Puis rendez-vous dans le menu Édition et sélectionnez Remplir.

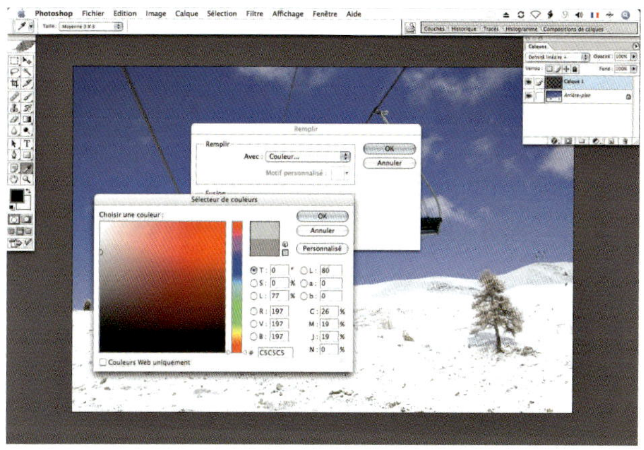

4 Réglez le paramètre Avec : à Couleurs; dans le menu déroulant, le sélecteur de couleurs s'ouvre : entrez les valeurs R = 197, V = 197, B = 197, ce qui donne un gris clair. Cliquez sur OK. L'image s'assombrit.

5 La neige est désormais grise, faisant ressortir des détails jusque-là invisibles. Mais le ciel est devenu trop sombre. Appuyez sur la touche X pour passer la couleur blanche au premier plan. Dans la palette des calques, réglez l'opacité du Calque 1 à 80 %.

6 Pressez la touche M pour activer l'outil Sélection, qui va permettre d'annuler en une seule fois l'effet d'assombrissement sur le ciel. Tracez un rectangle avec la souris dans le ciel, sans toucher aux montagnes.

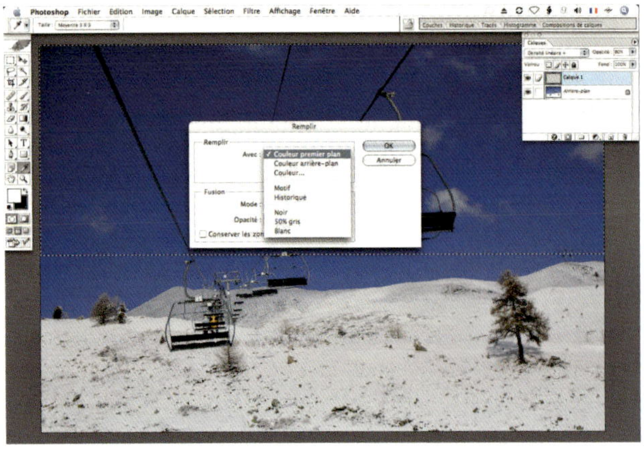

7 Allez dans le menu Édition>Remplir. Réglez le paramètre Avec : à Couleur premier plan. En remplissant la sélection avec le blanc que vous avez sélectionné à l'étape 5, vous annulez l'effet du calque.

8 Après validation, le ciel s'éclaircit. Mais le rectangle s'avère bien trop net.

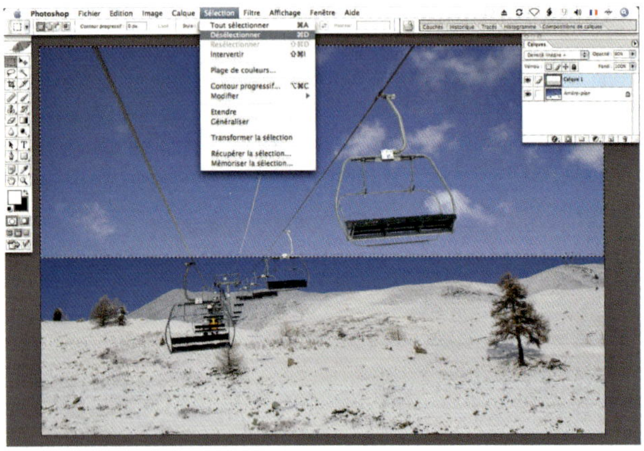

9 Via le menu Sélection>Désélectionner, la sélection disparaît.

Notre suggestion

Les outils de sélection, qui permettent d'isoler une partie de l'image pour une retouche ponctuelle, sont indépendants des calques. Donc attention à ne pas utiliser une sélection avec le mauvais calque, ce qui arrive parfois quand on a sélectionné un autre calque entre-temps ou quand le calque sur lequel a eu lieu la sélection n'est pas celui sur lequel on comptait faire agir cette sélection. Pour éviter cette erreur, affichez la palette des calques et surveillez-la.

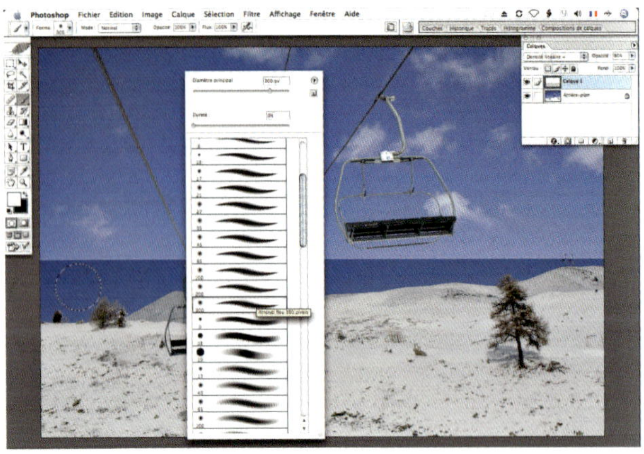

10 Le Calque 1 étant toujours sélectionné, pressez sur la touche B pour activer le pinceau. Cliquez droit (ou Ctrl + clic sur Mac) dans l'image et choisissez une taille de brosse de 300 pixels et de dureté 0 %.

11 Brossez au-dessus des sommets dans le ciel pour annuler l'assombrissement. Aidez-vous de la loupe pour grossir l'image. Changez la taille de la brosse pour adapter le pinceau au relief des montagnes.

12 Voici ce que vous devez obtenir. Vous remarquerez que l'icône du Calque 1 a été rafraîchie et présente maintenant le relief des montagnes en vue réduite. Ce sont les coups de pinceau avec le blanc qui ont modelé cette vue.

13 Allez dans le menu Calque>Nouveau calque de réglage>Luminosité/Contraste. Entrez –10 comme Luminosité et +30 comme Contraste : la photo offrira ainsi plus de contraste, une neige moins grise, mais sans perte de détails.

14 Sélectionnez le calque d'arrière-plan dans la palette des calques. Via le menu Filtre>Renforcement>Accentuation, entrez les valeurs Gain = 140 %, Rayon = 0,9 pixels et Seuil = 0.

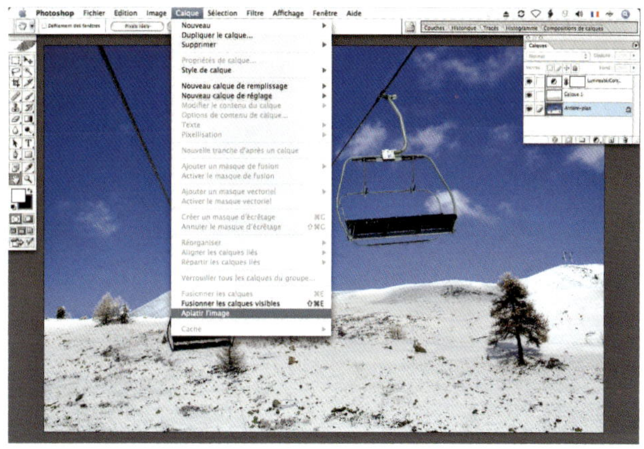

15 Il vous reste à aplatir l'image pour ne pas conserver les calques créés, ce qui réduira le poids du fichier sauvegardé. Allez dans le menu Calque>Aplatir l'image.

16 Comme vous ne conservez pas les calques, il est plus sage de faire une copie de votre fichier, car les modifications sur l'image seront définitives. Allez dans le menu Fichier>Enregistrer sous, puis choisissez le format de fichier et son emplacement.

Intensifier le regard

Difficile

Réalisation : 30 min

Outils utilisés :
Éponge
Correcteur
Densité +/–
Filtre Accentuation
Forme d'historique

De la photo professionnelle à la photo de famille, le portrait est l'un des genres les plus pratiqués. Mais réaliser un bon portrait n'est pas chose simple : c'est même sans doute ce qu'il y a de plus difficile à maîtriser en photographie. Le regard y est très important, puisque c'est ce que l'on voit en premier. À travers ce regard, on devine un peu le caractère, les émotions de la personne photographiée. D'ailleurs, lorsqu'on prend une photo, on effectue souvent la mise au point sur les yeux, car s'ils s'avèrent flous au final, le portrait est rarement réussi.

Grâce à Photoshop, il est possible de rendre ce regard plus intense. Il faut tout d'abord étudier l'image de départ : quels détails ont besoin d'être améliorés ? Ici, on remarque que les cheveux passant devant les yeux pourraient être supprimés, que le regard mériterait d'être moins laiteux et plus net, et que la couleur de l'iris gagnerait à être renforcée.

Cyril Bruneau

Fichier initial : imagedepart09.jpg
Fichier final : imagearrivee09.jpg

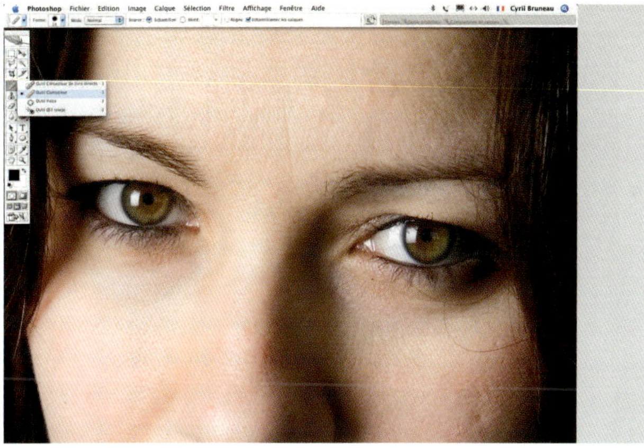

1 Ouvrez l'image et sélectionnez l'outil Correcteur dans la palette d'outils.

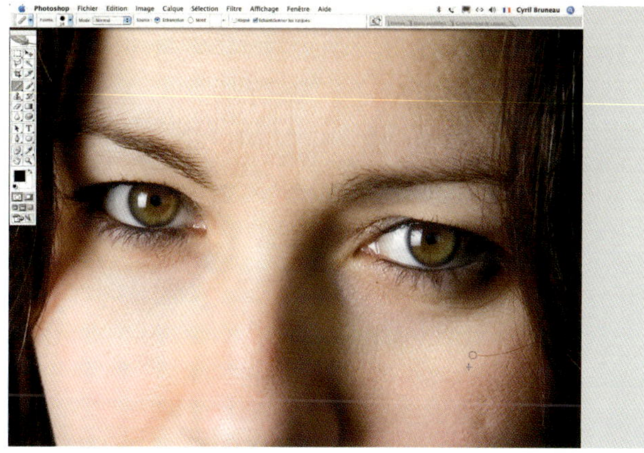

2 En ayant choisi une taille d'outil assez petite, prélevez de la matière dans la zone de peau située près des cheveux via Alt + clic. Puis collez cette matière sur les cheveux indésirables pour les effacer.

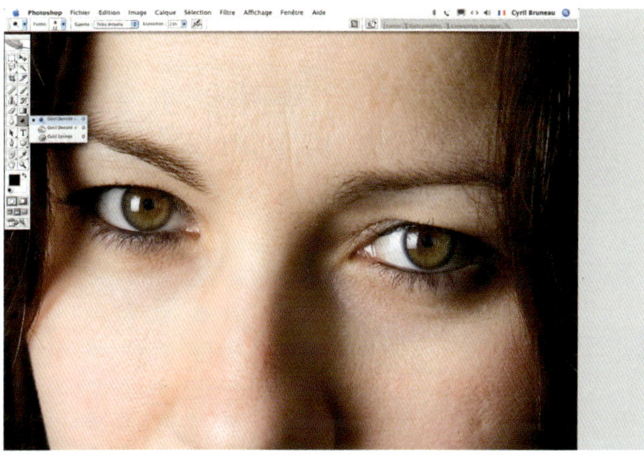

3 Sélectionnez l'outil Densité – et, dans le menu déroulant de la barre d'options, choisissez Tons moyens et une exposition d'environ 25 %.

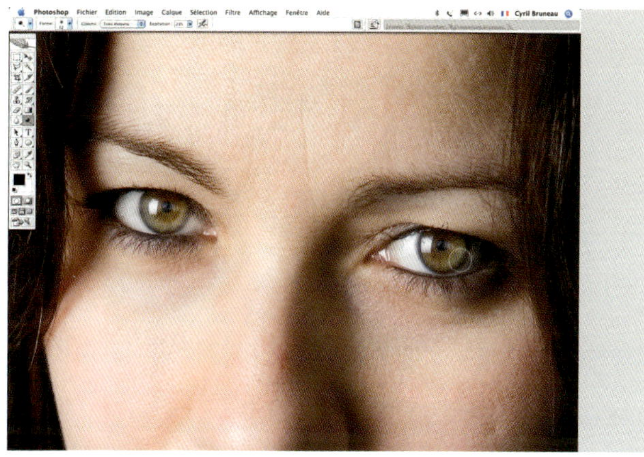

4 Commencez à peindre délicatement l'intérieur des yeux pour les éclaircir.

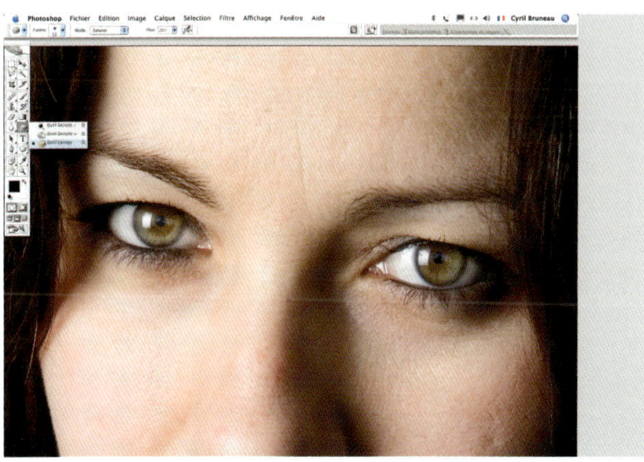

5 Puis sélectionnez l'outil Éponge en mode Saturer avec un flux de 20 %.

6 Peignez à l'intérieur des iris : vous allez voir la couleur des yeux apparaître.

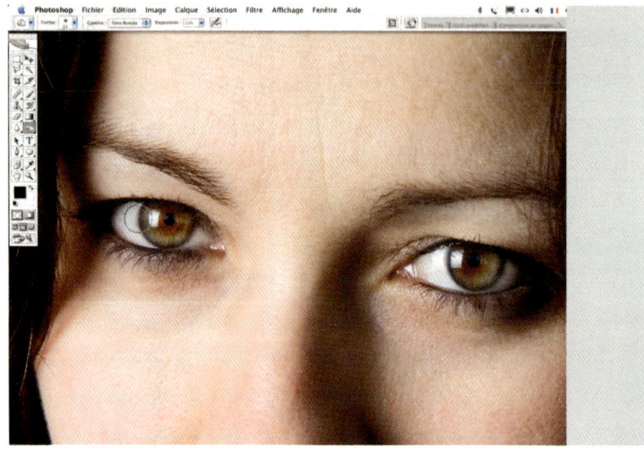

7 Passez l'outil Densité +, appliqué dans les tons foncés avec une exposition de 15 %, sur le noir des pupilles et le cercle qui entoure les iris : cela va les renforcer.

8 Avec le même outil, vous pouvez aussi renforcer les traits du maquillage.

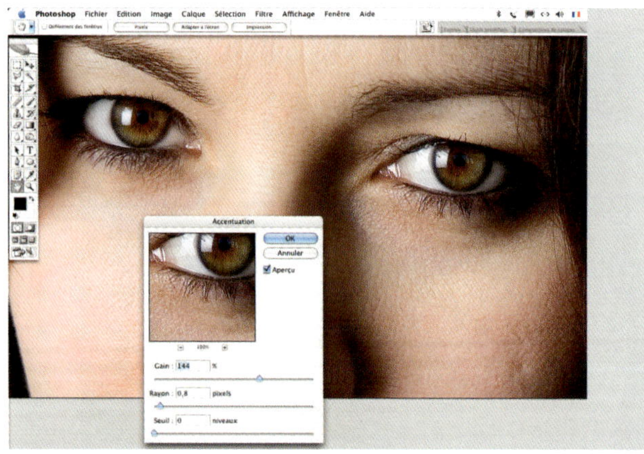

9 Dans le menu Filtre>Renforcement>Accentuation, augmentez la netteté en réglant les paramètres Grain, Rayon et Seuil. Choisissez le réglage en fonction de l'effet que vous désirez obtenir sur les yeux.

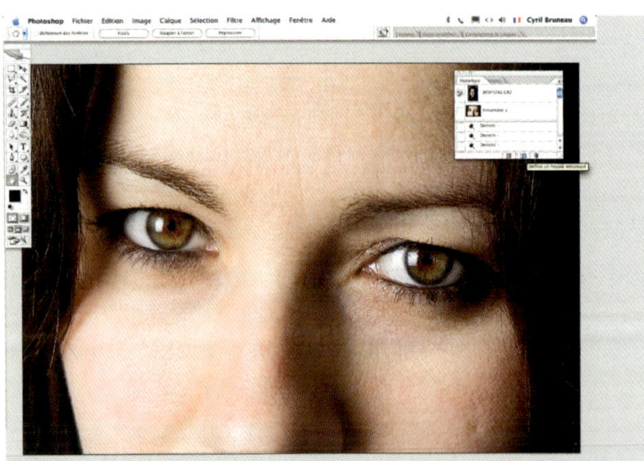

10 Allez dans la palette Historique via le menu Fenêtre et cliquez sur l'icône Nouvel instantané située en bas.

Notre suggestion

La palette Historique permet de visualiser les différentes étapes d'une retouche et de revenir si besoin à celle que l'on souhaite, les instantanés permettant de garder en mémoire ces étapes. Grâce à l'outil Forme d'historique, vous pouvez faire réapparaître une zone de l'image telle qu'elle était avant une étape donnée.

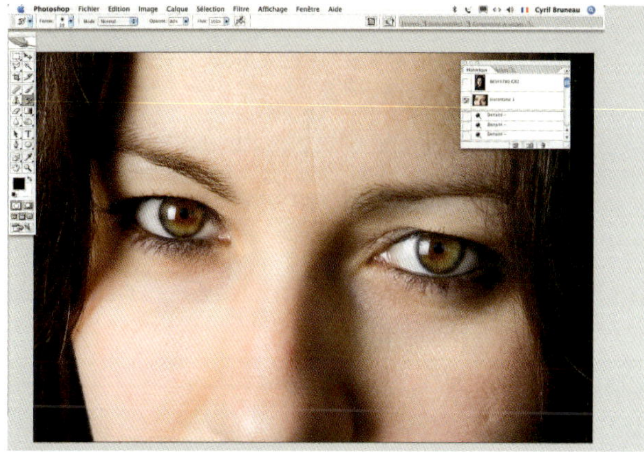

11 Annulez le filtre Accentuation en appuyant sur les touches Ctrl + Z (+ Z sur Mac). Dans la palette Historique, définissez comme source d'historique l'instantané que vous venez de créer en activant la petite icône située à sa gauche.

12 Avec l'outil Forme d'historique, peignez les yeux pour que l'accentuation n'apparaisse que sur cette zone.

13 L'image finale a gagné en intensité, le regard est plus expressif.

14 Voici l'évolution de la retouche : cheveux rebelles supprimés, yeux éclaircis et contraste renforcé.

Rendre flou l'arrière-plan

Difficile

Réalisation : 25 min

Outils utilisés :
Sélection
Calques
Masque de fusion
Filtre Flou de l'objectif
Pinceau

Pour améliorer une photo un peu « brouillon », on peut recourir à l'astuce du flou sur une partie de l'image. Les parties devenues floues deviendront ainsi moins visibles, et le regard se portera naturellement sur les parties restées nettes. Sur cette photo de fleur par exemple, on constate que l'arrière-plan n'est pas assez flou pour mettre en valeur le premier plan. En effet, le soleil inondant cette scène, il n'était pas possible de flouter le fond en utilisant une ouverture de diaphragme élevée.

Heureusement, Photoshop est là, et grâce à son filtre Flou de l'objectif, vous allez rectifier le tir. À noter qu'il existe d'autres filtres capables de réduire la netteté comme le Flou gaussien, le Flou optimisé ou le Flou radial : leur mode d'emploi étant similaire au filtre Flou de l'objectif, vous pourrez tester ces filtres à votre guise.

Bernard Richebé

Fichier initial : imagedepart10.jpg
Fichier final : imagearrivee10.jpg

1 Dans la fenêtre Couches, sélectionnez la couche Rouge, car son fond, à dominante verte, contient le moins de détails. Glissez-la, en maintenant la touche Alt enfoncée, sur l'icône Créer un nouveau calque en bas de la fenêtre.

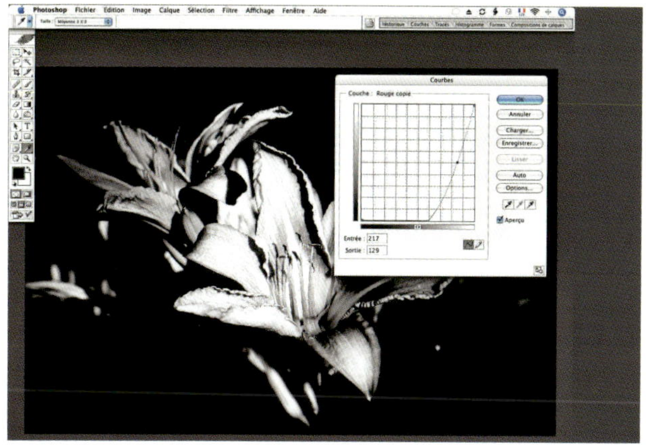

2 Via le menu Image>Réglages>Courbes, réglez la courbe du rouge comme indiqué. Cette opération permet de contraster la couche de rouge pour en réduire les informations dans le fond à dominante verte. Le contour de la fleur est ainsi renforcé.

3 La couche Rouge copie toujours sélectionnée, cliquez sur l'icône Récupérer la couche comme sélection. Une sélection va être créée à partir de cette couche qui a été contrastée.

4 Cliquez ensuite sur la couche RVB pour réafficher l'image en couleurs. Vous remarquerez la présence de pointillés autour de la fleur. Il s'agit de la sélection réalisée à partir de la couche Rouge copie.

5 Allez dans le menu Sélection>Intervertir. N'oubliez pas cette opération car sinon le flou sera appliqué sur la fleur et non sur le fond.

6 Dans le menu Sélection>Mémoriser la sélection, saisissez Sélection fleur dans le champ Nom de la boîte de dialogue qui s'ouvre. La sélection ainsi mémorisée pourra servir ultérieurement.

7 Allez dans le menu Calque>Dupliquer le calque, et nommez ce nouveau calque Effet 1. Autre méthode : glissez le calque d'arrière-plan sur l'icône de duplication de la palette des calques tout en maintenant la touche Alt enfoncée.

8 La sélection étant toujours active, glissez le calque Effet 1 sur l'icône Ajouter un masque de fusion située en bas de la palette des calques.

9 Un masque de fusion est ainsi créé à partir de la sélection active. Notez qu'il y a maintenant deux vignettes sur ce calque : celle du calque et celle du masque de fusion située à droite.

10 Cliquez sur la vignette du calque Effet 1 : l'icône située à droite de l'œil du calque se transforme en pinceau. Vous pouvez passer du calque de l'image à son masque en cliquant simplement dessus.

Notre suggestion

Le masque de fusion est une sorte de pochoir permettant de peindre avec les couleurs de premier et d'arrière-plan, ou au moyen des outils de sélection. Tous les outils sont utilisables, y compris les dégradés. Dans cet atelier, vous avez utilisé la sélection créée à partir de la couche Rouge pour « remplir » ce masque avec votre sélection et isoler ainsi le fond du reste de l'image. Le résultat est rapide et performant.

11 La vignette du calque Effet 1 sélectionnée, allez dans le menu Filtre>Atténuation>Flou de l'objectif. Dans le champ Source, choisissez Masque de fusion et réglez les paramètres à votre convenance ou comme indiqué.

12 Cliquez sur OK, l'image s'affiche après le calcul du filtre via le masque de fusion. Le fond est plus flou, mais la fleur a été endommagée elle aussi.

13 Cliquez sur la vignette Masque de fusion de la palette des calques pour sélectionner ce masque.

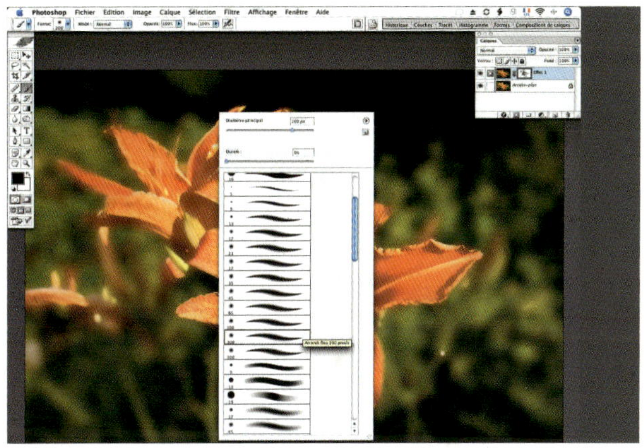

14 Sélectionnez l'outil Pinceau dans la palette d'outils (ou appuyez sur la touche B), puis cliquez droit dans l'image (ou Ctrl + clic sur Mac). Choisissez une forme de pinceau de 200 pixels et de dureté 0 %.

15 Le noir étant sélectionné comme couleur de premier plan, peignez l'intérieur de la fleur avec le pinceau. Vous effacez ainsi le flou du calque Effet 1, ce qui permet de faire apparaître le calque intact du dessous.

Notre suggestion

En effaçant ou en révélant le masque de fusion, vous laissez apparaître ou disparaître le ou les calques situés en dessous. Servez-vous de l'outil Loupe pour agrandir l'image et procéder ainsi à des retouches précises. L'autre avantage de cette technique est de pouvoir annuler facilement, d'un coup de pinceau, ce que vous avez effectué, puisque vous n'agissez pas sur les pixels composant l'image, mais uniquement sur un masque.

Réaliser un assemblage panoramique

Difficile

Réalisation : 45 min

Outils utilisés :
Calque
Exposition
Calque de réglage
Correcteur
Recadrage

Lorsqu'on prend une photo de paysage, il arrive parfois que la vue soit si grandiose qu'un format panoramique serait mieux adapté. Mais pas de panique, Photoshop est tout à fait capable d'assembler trois images : outre la fonction Photomerge (accessible depuis le menu Fichier>Automatisation>Photomerge) qui n'est pas toujours très performante, il existe une autre solution que vous allez découvrir ici.

Cyril Bruneau

Fichier initial : imagedepart11_1.jpg
imagedepart11_2.jpg
imagedepart11_3.jpg
Fichier final : imagearrivee11.jpg

1 Ouvrez les trois images dans Photoshop. Commencez par faire apparaître la palette des calques de l'image 1 en appuyant sur la touche F7.

2 Double-cliquez sur le calque d'arrière-plan pour le renommer Calque gauche. Validez en appuyant sur OK.

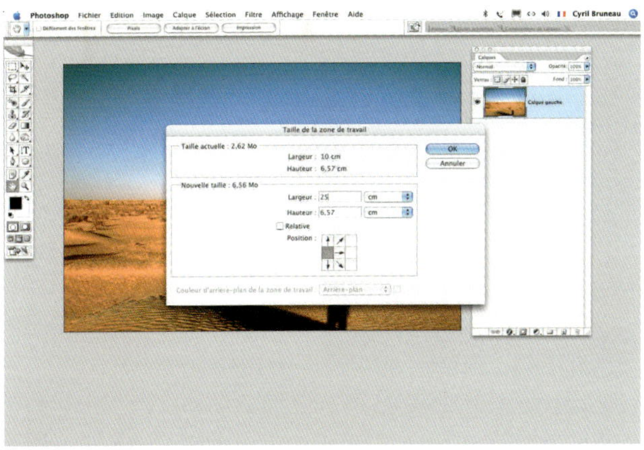

3 Allez dans le menu Image>Taille de la zone de travail et entrez 25 cm en largeur pour donner à l'image un format panoramique. Puis déplacez sur la gauche le carré situé au centre des neuf carrés pour que l'image 1 reste bien à gauche.

4 Dans le bas du menu Fenêtre, sélectionnez l'image centrale, c'est-à-dire l'image 2. Elle se positionne alors au-dessus de l'image 1.

5 Cliquez sur son calque d'arrière-plan dans la palette des calques et en maintenant le clic, faites glisser ce calque sur l'image 1.

6 Le calque vient se placer au-dessus du Calque gauche. En le déplaçant avec la souris dans la palette des calques, passez-le en dessous pour éviter que le raccord ne se situe au niveau de l'ombre du personnage.

7 Modifiez l'opacité du Calque gauche en déplaçant le curseur d'opacité de la palette des calques. Choisissez une valeur proche de 65 %.

8 Sélectionnez le Calque 1 en cliquant dessus dans la palette des calques. À l'aide de l'outil Déplacement de la palette d'outils, déplacez ce calque pour qu'il se superpose au mieux avec le calque inférieur.

9 Sélectionnez de nouveau le calque de gauche et repassez son opacité à 100 %.

10 Déplacez-vous vers la droite de l'image au moyen de l'outil Main de la palette d'outils. Puis, dans le menu Fenêtre, sélectionnez la troisième image. Elle apparaît au-dessus de votre montage.

11 Faites glisser l'image 3 de la même manière que précédemment (voir étape 5), et modifiez l'opacité de ce Calque 2 pour le superposer au mieux sur le Calque 1.

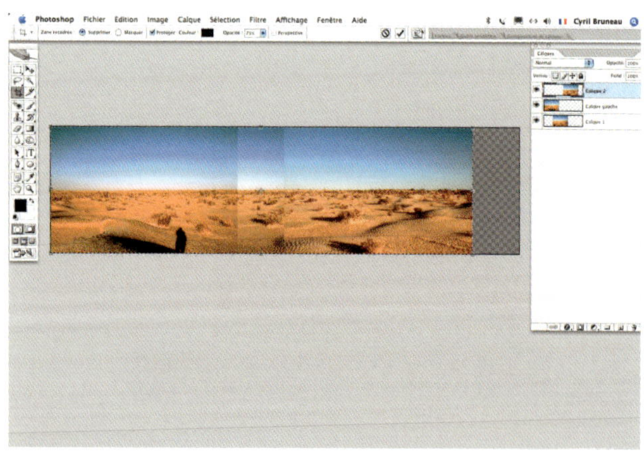

12 Repassez son opacité à 100 % et utilisez l'outil Recadrage de la palette d'outils pour supprimer la partie de droite de l'image qui devient inutile. Double-cliquez à l'intérieur du rectangle pour validez.

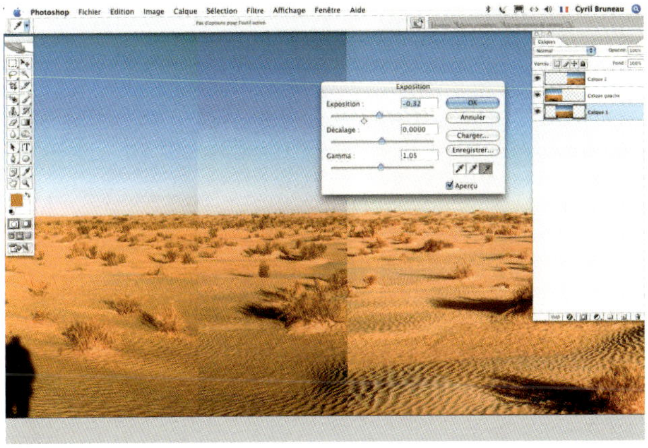

13 Sélectionnez le Calque 1. Via le menu Image>Réglages, activez la fonction Exposition (ou les fonctions Luminosité/Contraste et Niveaux si vous n'avez pas CS2) et entrez les valeurs permettant de raccorder le Calque 1 au Calque gauche.

14 Faites de même avec le Calque 2 pour le faire correspondre avec le Calque 1.

15 Vous allez maintenant ajouter un masque de fusion en cliquant sur l'icône Masque de fusion située en bas de la palette des calques. Avec un pinceau assez grand, peignez le raccord au niveau du ciel pour qu'il disparaisse.

16 Avec un pinceau plus petit et en zoomant dans l'image, peignez de manière à faire disparaître le raccord au niveau du sable.

17 Procédez de même en créant un masque de fusion sur le Calque gauche.

18 Enfin, sur un nouveau calque placé au-dessus des autres, supprimez les derniers raccords visibles à l'aide du correcteur de la palette d'outils (pour l'emploi de cet outil, voir l'atelier n° 18 « Supprimer un élément indésirable »).

Automatiser une retouche

Difficile

Réalisation : 30 min

Outils utilisés :
Script
Filtre Passe-Haut

Dans cet atelier, vous allez apprendre à manipuler l'une des fonctions les plus intéressantes de Photoshop : l'automatisation par les scripts. Grâce à cet outil, vous pourrez ainsi enregistrer une opération de retouche, puis l'appliquer à n'importe quelle image de votre choix. Votre travail prendra alors une toute autre dimension : par exemple, il vous sera possible de retoucher toutes les photos de vos dernières vacances en une seule opération ! Ici, vous allez repartir du procédé de retouche décrit dans l'atelier n° 06 « Accentuer globalement le contraste » et découvrir comment l'automatiser.

Bernard Richebé

Fichier initial : imagedepart12.jpg
Fichier final : imagearrivee12.jpg

1 Ouvrez la photo de départ et allez dans le menu Fenêtre>Scripts. La flèche située en haut à droite déroule un menu permettant de créer de nouveaux scripts et ensembles de scripts. En bas se trouvent les icônes des commandes.

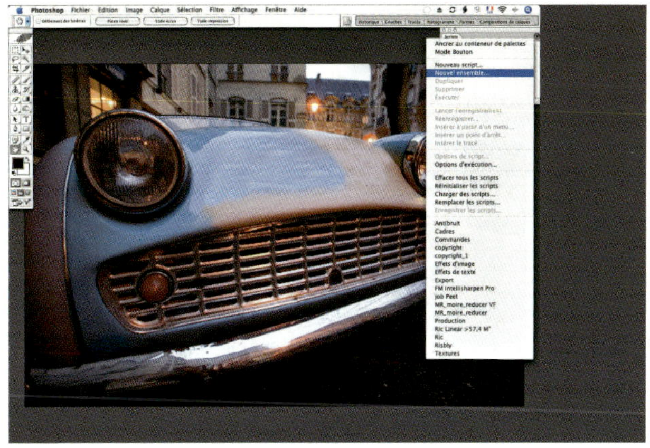

2 Cliquez sur cette flèche pour sélectionner la fonction Nouvel ensemble. Vous pouvez également cliquer sur l'icône Commencer un nouvel ensemble, située en bas de la fenêtre. Vous allez ainsi créer un « conteneur » pour vos scripts.

3 Dans la boîte de dialogue qui s'ouvre, saisissez Mes Scripts. Dans ce dossier, vous pourrez par exemple placer vos scripts préférés : script de traitement des photos numériques, script de création de vignettes, etc.

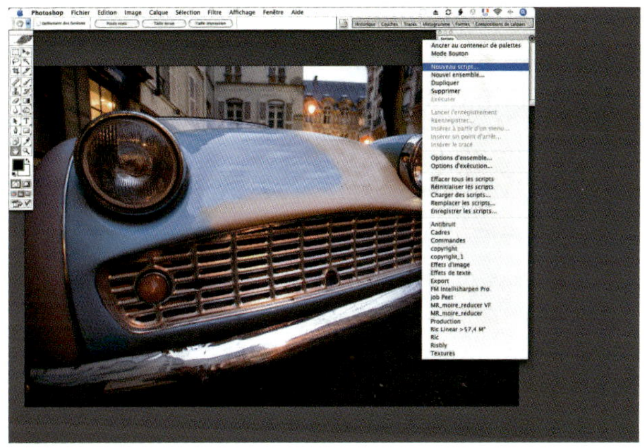

4 Cliquez ensuite sur la flèche en haut à droite pour sélectionner la fonction Nouveau script (ou cliquez sur l'icône Commencer un nouveau script). Pour obtenir le descriptif d'une icône, passez le curseur de la souris dessus quelques instants.

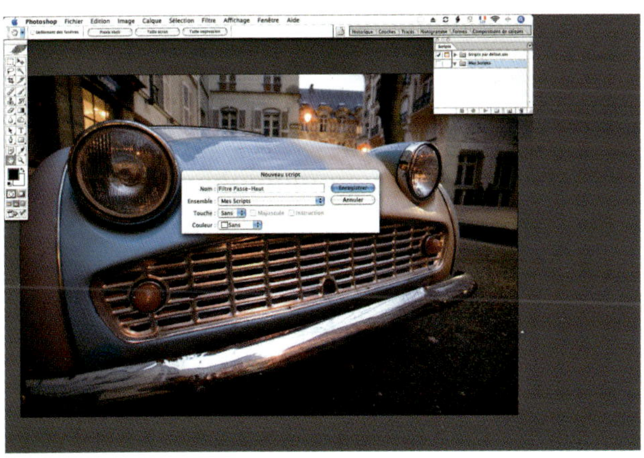

5 Saisissez Filtre Passe-Haut dans le champ Nom et choisissez l'ensemble dans lequel vous souhaitez ranger le script : ici, Mes Scripts. Puis cliquez sur Enregistrer. À présent, toutes les actions réalisées dans Photoshop seront mémorisées dans ce script.

Notre suggestion

Notez que lors de l'étape 5, vous pouvez associer une combinaison de touches au script que vous créez, ce qui s'avère bien pratique pour le lancer ultérieurement.

6 Appliquez à l'image toutes les étapes décrites dans l'atelier n° 06 « Accentuer globalement le contraste » : ces actions s'enregistrent alors dans la fenêtre Scripts. Le point rouge signifie que l'enregistrement du script est actif.

7 Une fois l'image aplatie, allez dans le menu Fichier> Enregistrer sous et choisissez le Bureau comme emplacement. Enfin, cliquez sur le bouton carré pour arrêter l'enregistrement du script et supprimez l'image qui a été générée.

Notre suggestion

À la fin du script, pensez à enregistrer votre photo sur le Bureau pour éviter, lors d'un traitement par lots, de renseigner la destination d'enregistrement pour chaque image. En effet, le Bureau ne changeant jamais de nom ni d'emplacement, Photoshop gérera cet enregistrement sans problème. Les images seront enregistrées au format que vous aurez sélectionné dans la boîte de dialogue Enregistrer sous.

8 Si vous lancez ce script tel quel, il s'exécutera sans offrir de choix sur les actions. Pour que s'affiche la boîte de dialogue d'une action, cochez la case se trouvant à gauche de son nom. Ici, cochez la case de l'action Passe-haut.

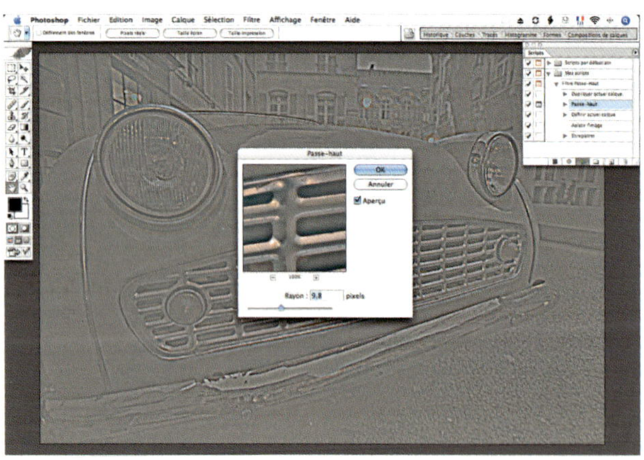

9 En repartant de l'image de départ, sélectionnez dans le dossier Mes scripts le script Filtre Passe-Haut et cliquez sur la flèche Exécuter la sélection, située en bas. Le script se lance et s'arrête à la boîte de dialogue de l'action Passe-Haut.

Notre suggestion

Les éléments d'un script peuvent être réorganisés ou transférés d'un script à l'autre par simple glissement avec la souris. Vous pouvez aussi les copier grâce à la fonction Dupliquer du menu situé en haut à droite de la fenêtre Scripts. Ces astuces permettent ainsi de créer facilement un nouveau script à partir d'éléments existants.

10 Vous pouvez également décider de ne pas exécuter un élément du script. Pour cela, décochez la case Activer/Désactiver l'élément, située devant chaque action. Par exemple, décochez ici la case relative à l'action Aplatir l'image.

Notre suggestion

Il est impératif d'enregistrer vos scripts personnels en sélectionnant l'ensemble et en activant la fonction Enregistrer les scripts du menu déroulant de la fenêtre Scripts. Sans cette précaution, vous risqueriez de perdre le bénéfice de votre travail.

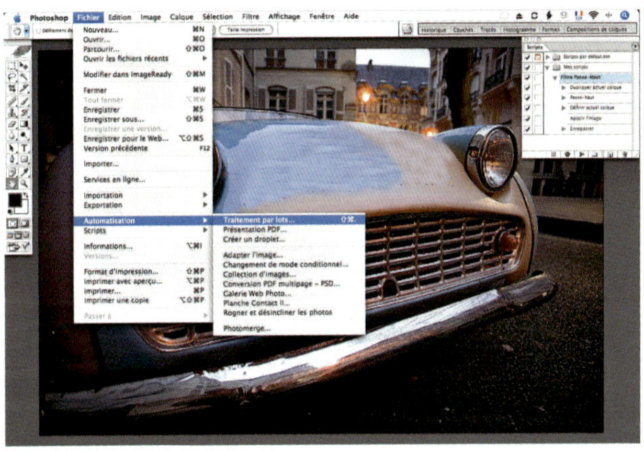

11 Pour automatiser un script, sélectionnez-le puis rendez-vous dans le menu Fichier>Automatisation>Traitement par lots.

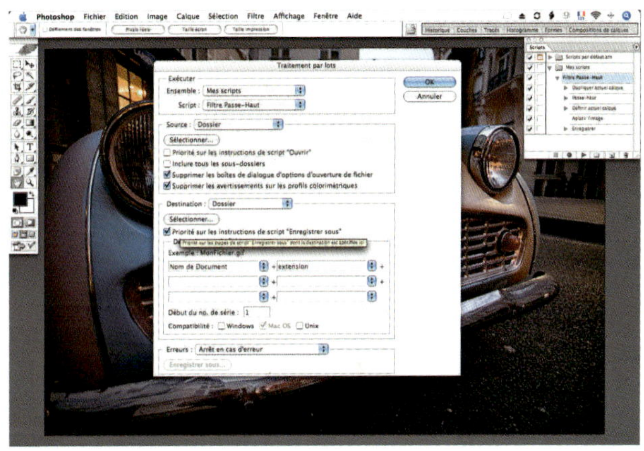

12 Sélectionnez les dossiers Source et Destination souhaités. Cochez Priorité sur les instructions..., puis cliquez sur OK. Photoshop traitera alors chaque image selon les indications du script et les enregistrera dans le dossier choisi.

Notre suggestion

La case Priorité sur les instructions... ayant été cochée, elle sera prédominante : comme vous avez spécifié un dossier de destination dans cette même fenêtre, les images seront directement enregistrées dans celui-ci. Sans ces précautions, vous seriez obligé de recréer un nouveau script pour chaque nouvelle destination.

Changer la couleur d'un élément

Facile

Réalisation : 45 min

Outils utilisés :
Lasso polygonal
Contour progressif
Pot de peinture

Dans cet atelier, vous allez découvrir comment repeindre les murs et les volets d'une maison. Pour ces derniers, vous utiliserez l'outil Pot de peinture ; en revanche, cet outil ne conviendra pas pour la façade, car tout le mur serait recouvert de manière uniforme : pour conserver la texture de la façade vous allez seulement teinter la pierre. Ici, le choix s'est porté sur une application de la couleur en mode Teinte. Il aurait été possible d'utiliser le mode Couleur comme cela a été fait pour les volets mais le résultat obtenu aurait été moins naturel. Dans le cas d'un tissu par exemple, le mode Couleur serait préconisé pour obtenir des teintes plus vives.

Taï-Marc Le Thanh

Fichier initial : imagedepart13.jpg
Fichier final : imagearrivee13.jpg

1 Sélectionnez l'outil Lasso polygonal et détourez la zone du mur dont vous souhaitez changer la couleur, en englobant la fenêtre.

2 Toujours avec l'outil Lasso polygonal, détourez à présent la fenêtre tout en maintenant la touche Alt enfoncée. Un indice – apparaît à côté du lasso, indiquant que cette nouvelle sélection va se soustraire à la précédente.

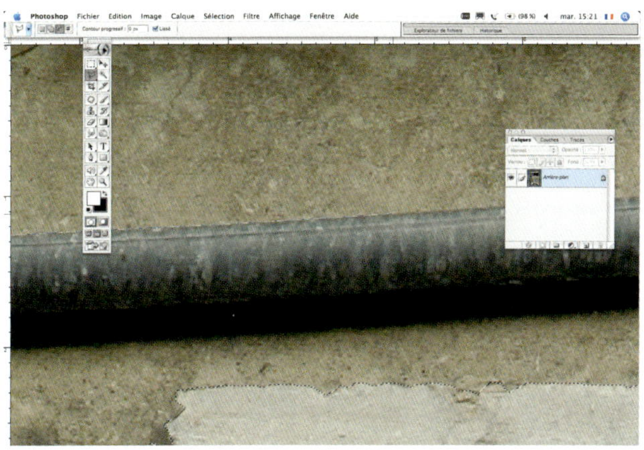

3 Procédez de la même façon pour la gouttière.

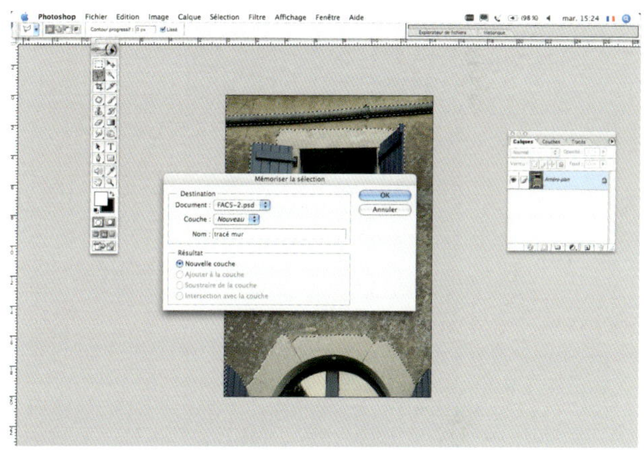

4 Mémorisez la sélection via le menu Sélection>Mémoriser la sélection et nommez-la Tracé mur.

5 La mémorisation crée automatiquement une nouvelle couche (appelée ici Tracé mur) dans la fenêtre Couches du menu Fenêtre.

6 Dupliquez le calque d'arrière-plan à l'aide du menu déroulant de la palette des calques, situé en haut à droite. Cette copie, nommée Calque 1, constituera le calque associé à la couleur du mur.

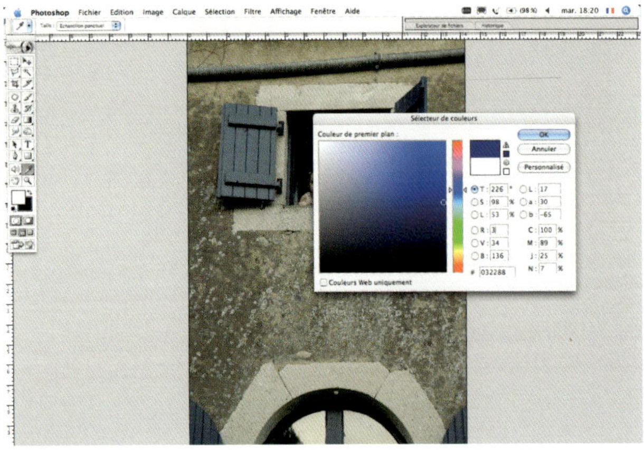

7 Dans la palette d'outils, activez l'outil Couleur de premier plan et choisissez l'un des bleus proposés. À ce stade, il n'est pas nécessaire d'en sélectionner un très précisément puisque vous allez modifier cette couleur ultérieurement.

8 Récupérez votre sélection de mur en cliquant sur la couche Tracé mur tout en maintenant la touche Ctrl (sur Mac) enfoncée. Ou bien, via le menu Sélection>Récupérer la sélection, choisissez la sélection Tracé mur dans le menu déroulant Couche.

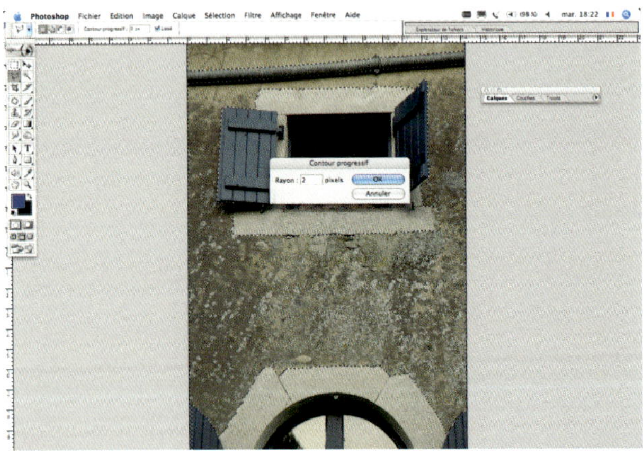

9 Rendez-vous dans le menu Sélection>Contour progressif et assignez à la sélection un contour progressif de 2 pixels.

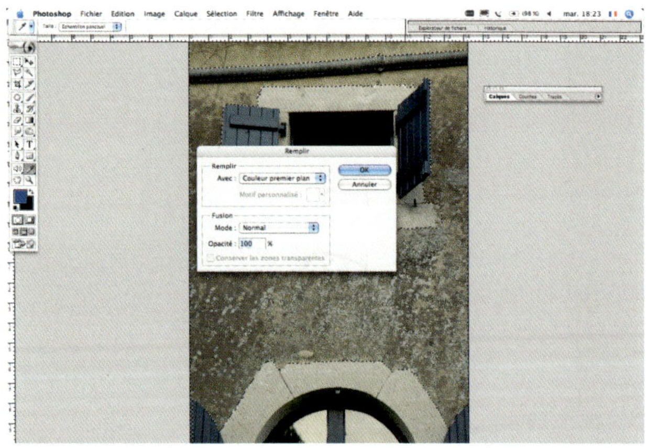

10 Allez dans le menu Édition>Remplir et remplissez cette sélection de bleu avec une opacité de 100 %. Laissez la case Conserver les zones transparentes décochée et placez le Calque 1 en mode Teinte à 80 % d'opacité.

11 Rendez-vous dans le menu Image>Réglages>Teinte/Saturation pour modifier la teinte jusqu'à l'obtention de la couleur désirée pour le mur.

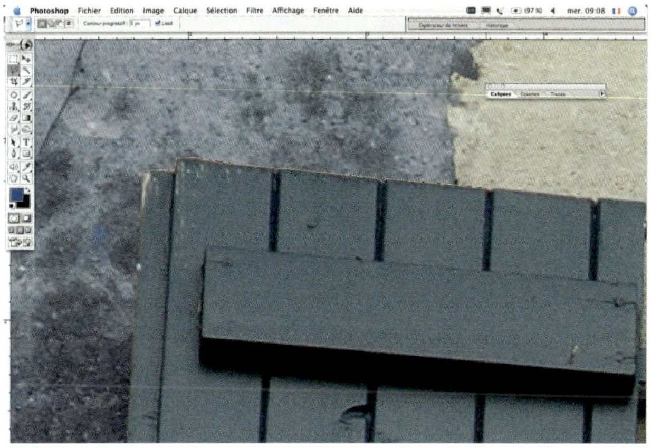

12 Détourez avec le lasso polygonal le volet de gauche puis, en maintenant la touche Maj enfoncée, détourez l'autre volet. Cette nouvelle sélection vient s'ajouter à la précédente.

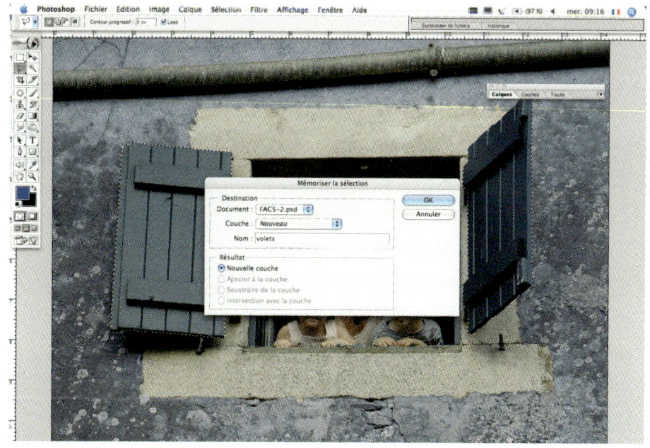

13 Mémorisez la sélection (voir étape 4) et nommez-la Volets.

14 Créez un nouveau calque, récupérez la sélection (voir étape 8) et assignez-lui un contour progressif de 2 pixels.

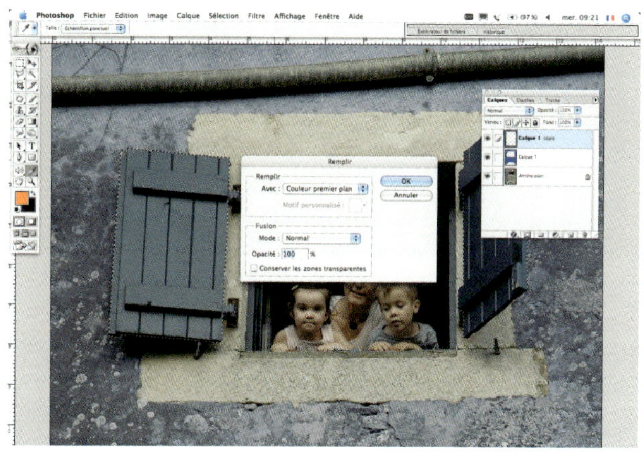

15 Choisissez un orange vif comme couleur de premier plan (voir étape 7) et remplissez la sélection avec cette couleur via le menu Édition>Remplir.

16 Passez la copie du Calque 1 en mode Couleur via le menu déroulant situé en haut à gauche de la palette des calques.

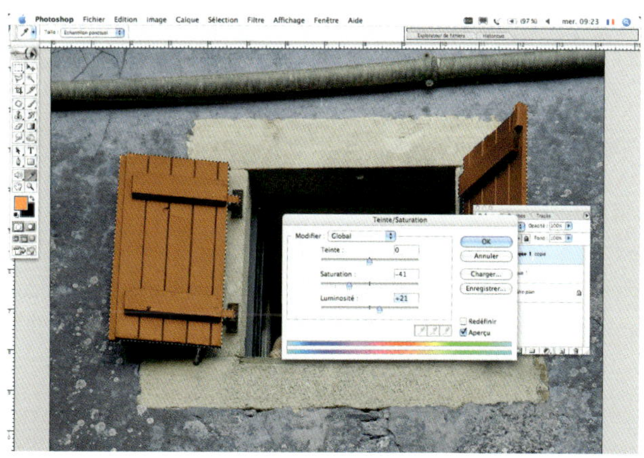

17 Dans le menu Image>Réglages>Teinte/Saturation, modifiez la teinte pour obtenir la couleur exacte que vous souhaitez donner aux volets.

Passer de la couleur au noir et blanc

Assez facile

Réalisation : 10 min

Outils utilisés :
Niveaux
Mélangeur de couches
Luminosité/Contraste

Pour tous les amateurs de photographie, le noir et blanc présente un intérêt particulier, notamment lors du développement qui permet de jouer sur les nuances de gris de la photo. Heureusement, Photoshop permet de retrouver ces sensations, même à partir d'une photo couleur, puisqu'il dispose d'outils performants capables de convertir des photos couleur en noir et blanc, transformant ainsi votre ordinateur en véritable chambre noire. Si la méthode la plus courante consiste à désaturer ces photos pour en retirer la couleur, vous allez découvrir ici une autre technique, un peu plus complexe, qui permet de mieux maîtriser les nuances de gris de la photo et d'obtenir ainsi de très beaux clichés noir et blanc.

Cyril Bruneau

Fichier initial : imagedepart14.jpg
Fichier final : imagearrivee14.jpg

1 En ouvrant l'image, on s'aperçoit que les teintes sont un peu ternes. Il va donc falloir les éclaircir pour mieux distinguer les niveaux de gris par la suite.

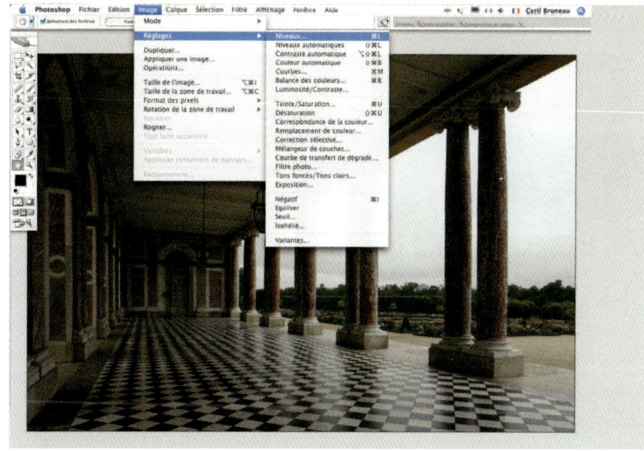

2 Rendez-vous dans le menu Image>Réglages>Niveaux ou utilisez le raccourci Ctrl + L (+ L sur Mac).

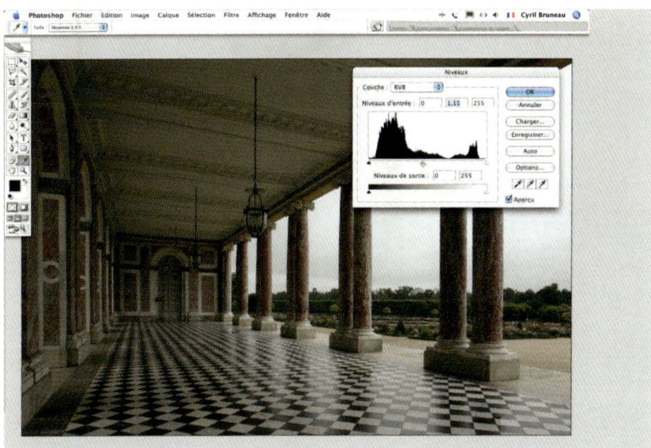

3 Pour éclaircir un peu l'image, déplacez légèrement le curseur du milieu vers la gauche en allant jusqu'à 1,15 puis validez.

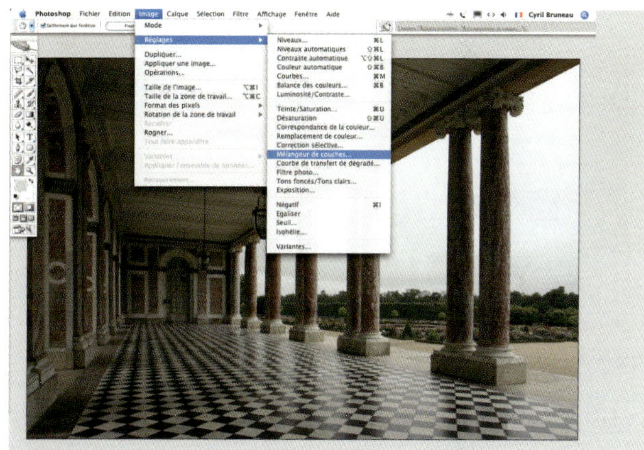

4 Allez ensuite dans le menu Image>Réglages>Mélangeur de couches pour transformer l'image en photo noir et blanc.

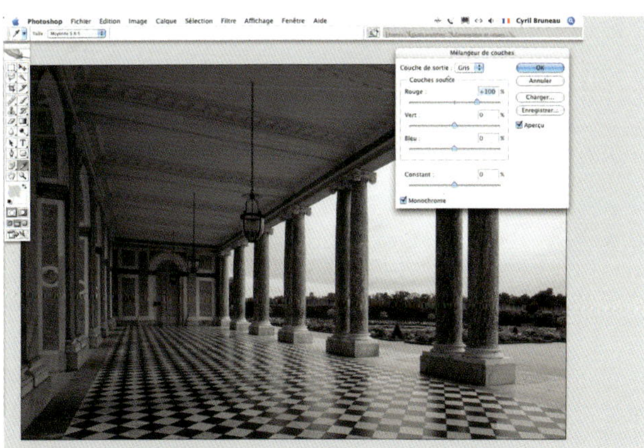

5 Dans la fenêtre qui s'ouvre, cochez l'option Monochrome pour enlever les couleurs. Les réglages très précis commencent maintenant.

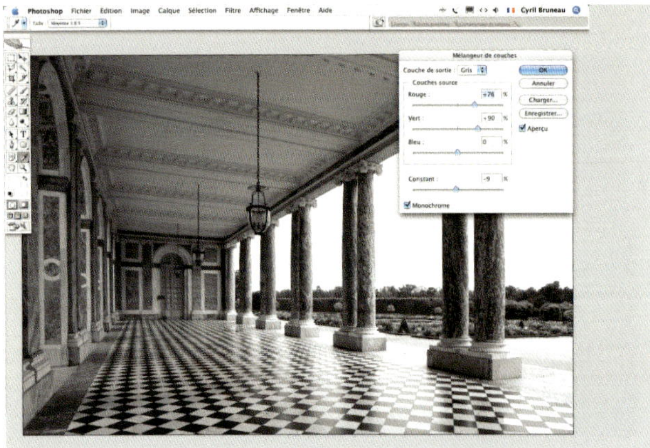

6 Déplacez les curseurs des différentes couches jusqu'à obtenir les teintes de gris que vous souhaitez. Observez au passage la grande richesse des nuances de gris possibles.

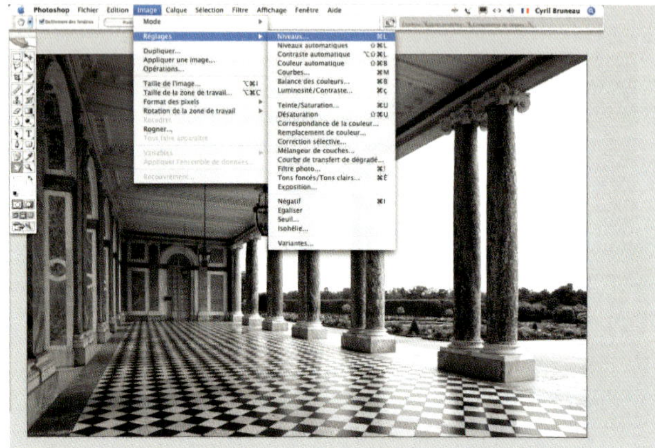

7 Retournez dans le menu Image>Réglages>Niveaux.

8 Assurez-vous d'avoir des noirs profonds, sans boucher pour autant les ombres, en déplaçant le curseur du noir (le plus à gauche sous le diagramme) vers la droite. Déplacez également le curseur des gris pour obtenir la nuance désirée.

9 L'image mérite un peu plus de netteté. Pour bien observer l'effet du filtre Accentuation, commencez par double-cliquer sur l'outil Loupe afin d'afficher l'image à 100 %.

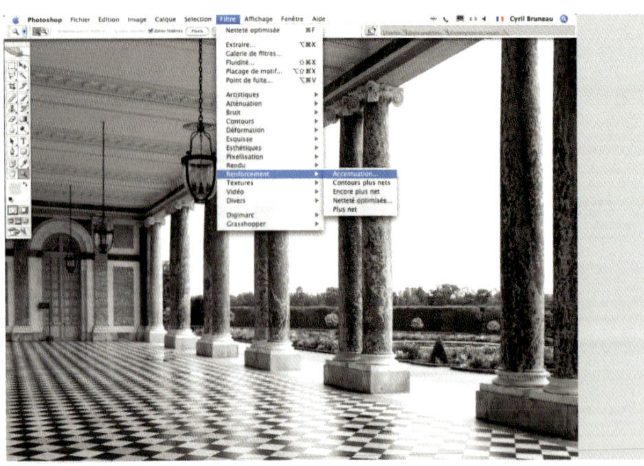

10 Rendez-vous dans le menu Filtre>Renforcement> Accentuation.

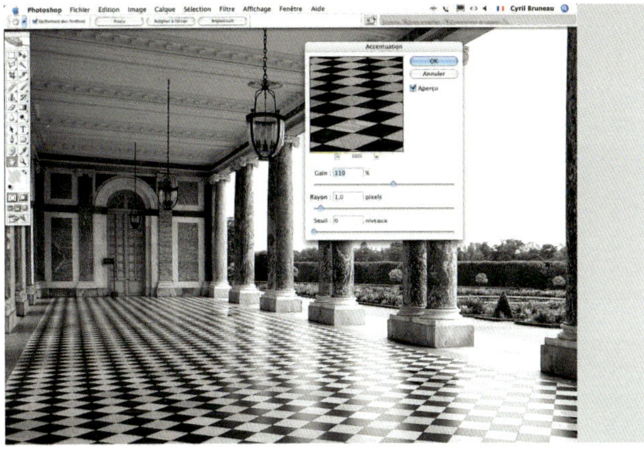

11 Saisissez les valeurs qui vous conviennent en prenant garde de ne pas « éclater les pixels » (les pixels paraîtraient plus gros), puis validez.

Notre suggestion

Avec Photoshop CS2, vous pouvez aussi utiliser le filtre Netteté optimisée (Filtre>Renforcement>Netteté optimisée), qui fonctionne comme le filtre Accentuation mais qui dispose de réglages plus fins. Par exemple, on peut choisir d'accentuer l'image sans trop toucher aux zones sombres qui comportent souvent du bruit que l'on ne souhaite pas faire apparaître.

12 C'est fini ! Jugez du résultat obtenu.

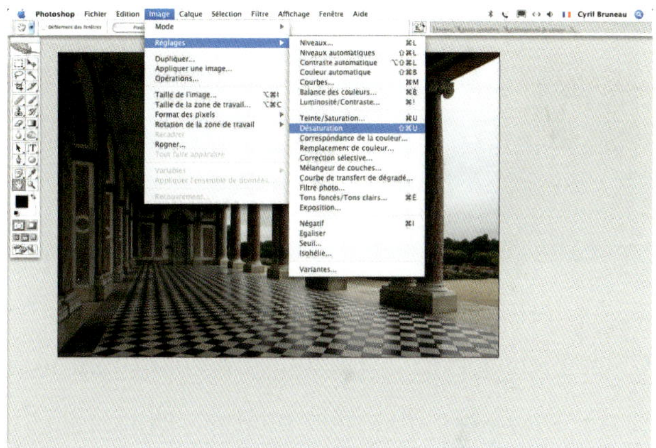

1 Pour passer cette photo couleur en noir et blanc, vous auriez pu employer une autre technique, beaucoup plus simple et plus rapide, qui consiste à désaturer l'image.

2 Voici ce que vous auriez obtenu en désaturant simplement l'image. Comme vous pouvez le constater, la photo s'avère beaucoup plus terne.

Faire sourire un visage

Assez facile

Réalisation : 10 min

Outil utilisé :
Filtre Fluidité

C'est bien connu, les enfants ne sont pas toujours souriants sur les photos. Comment y remédier avec Photoshop ? Le principe assez simple consiste à déformer délicatement le visage à l'aide du filtre Fluidité. Mais attention, il faudra s'armer de patience et agir avec délicatesse : les lèvres seront d'abord étirées, puis les yeux seront amincis pour donner l'impression du sourire. Naturellement, toutes les photos ne se prêtent pas à une telle retouche, mais dans de nombreux cas, on pourra tout de même accentuer un peu l'impression dégagée par un portrait. A contrario, ce filtre Fluidité permet aussi de transformer vos chérubins en abominables monstres, mais là, c'est à vous de voir ! Une seule restriction toutefois : le potentiel de votre ordinateur, car ce filtre consomme beaucoup de ressources.

Bernard Richebé

Fichier initial : imagedepart15.jpg
Fichier final : imagearrivee15.jpg

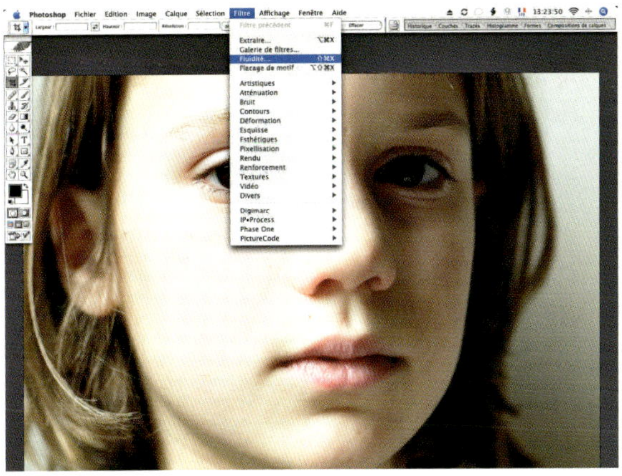

1 Ouvrez l'image dans Photoshop, puis allez dans le menu Filtre>Fluidité.

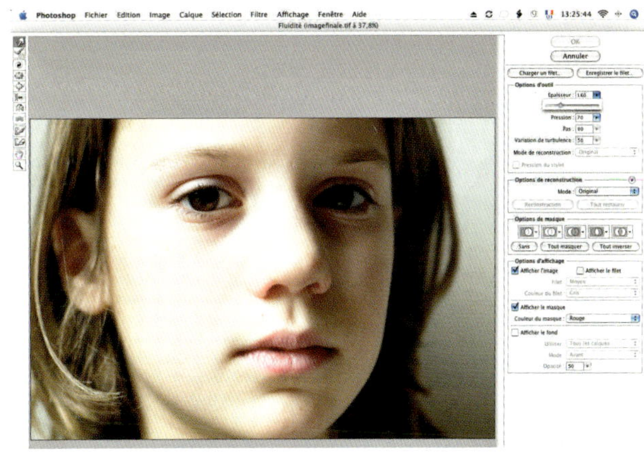

2 La fenêtre qui apparaît regroupe en fait tous les outils de déformation. Dans la partie droite, entrez les valeurs suivantes : Épaisseur 160, Pression 70, Pas 80 et Turbulence 50.

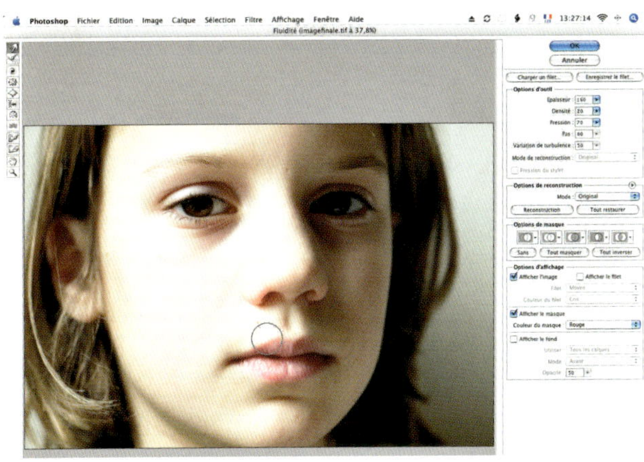

3 La valeur 160 est bien adaptée pour la retouche de cette image : ni trop grand ni trop faible, le rayon de la brosse va permettre de déformer sans abîmer.

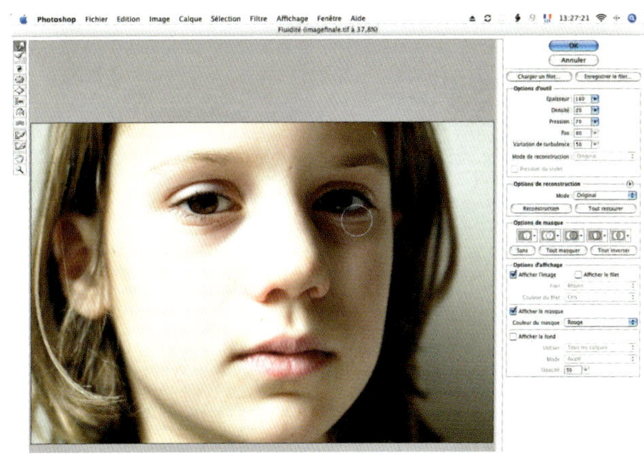

4 Effectuez un cliquer-glisser minutieux pour étirer et resserrer légèrement l'œil. Agissez par petites touches et avec beaucoup de soin. Puis réitérez l'opération avec l'autre œil.

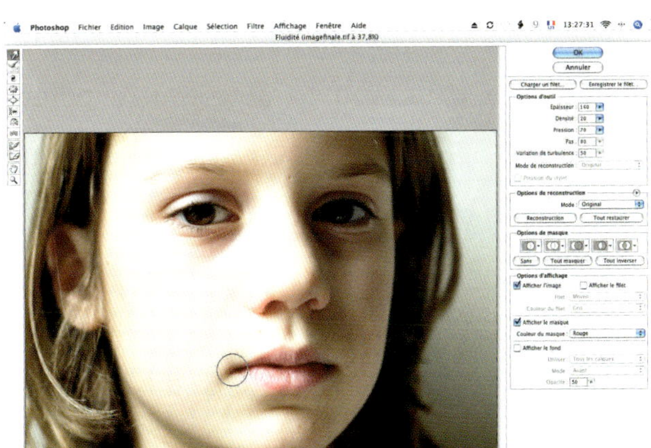

5 Procédez de même avec la bouche, étirez-la par un mouvement vers l'arrière en remontant légèrement. Si vous n'êtes pas satisfait, annulez la dernière retouche via Ctrl + Z (+ Z sur Mac), ou utilisez l'option Reconstruction de la fenêtre.

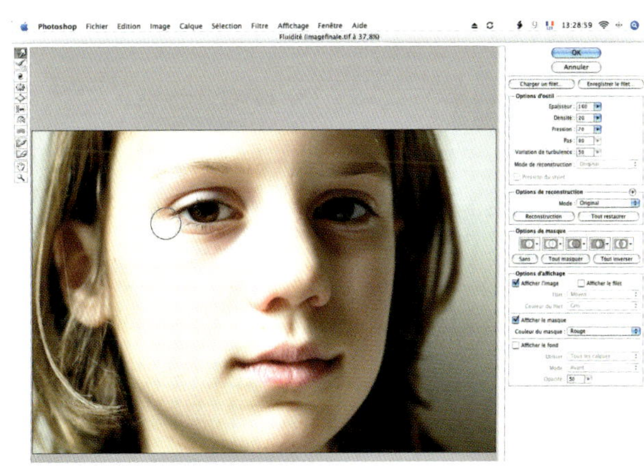

6 Une dernière retouche à l'œil gauche et cliquez sur OK : Photoshop lance le calcul de vos retouches et les applique à l'image. Avec les touches Ctrl + Z (+ Z sur Mac), annulez l'effet de filtre pour apprécier la différence, avec ou sans filtre.

Ajouter une ombre

Assez facile

Réalisation : 40 min

Outils utilisés :
Lasso polygonal
Tampon
Transformation manuelle
Luminosité/Contraste

Lorsque vous ajoutez un personnage ou un objet sur une photo avec Photoshop, la création d'une ombre adéquate est souvent nécessaire. Mais comment procéder ? Cet atelier va vous l'expliquer de manière ludique, puisqu'il s'agit ici d'intégrer une ombre qui ne correspond pas du tout à la posture du personnage.

En premier lieu, vous allez supprimer l'ombre d'origine de l'enfant, afin de pouvoir ajouter la nouvelle sans provoquer de conflit. Pour créer cette ombre fantaisiste, vous partirez d'une autre photo du personnage pour en récupérer la silhouette, que vous remplirez de noir et projetterez sur le mur. Dans cet atelier, vous intégrerez directement l'ombre sur la photo de référence, mais il serait tout à fait envisageable de créer un nouveau calque et de jouer avec son opacité pour que l'ombre paraisse plus réelle.

Tai-Marc Le Thanh

Fichier initial : imagedepart16_1.jpg
imagedepart16_2.jpg
Fichier final : imagearrivee16.jpg

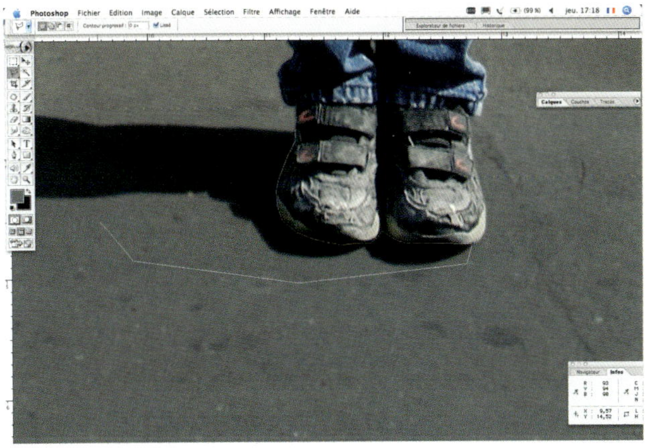

1 Ouvrez l'image 1. Avec l'outil Lasso polygonal, sélectionnez une zone qui comprend l'ombre de l'enfant mais non les chaussures.

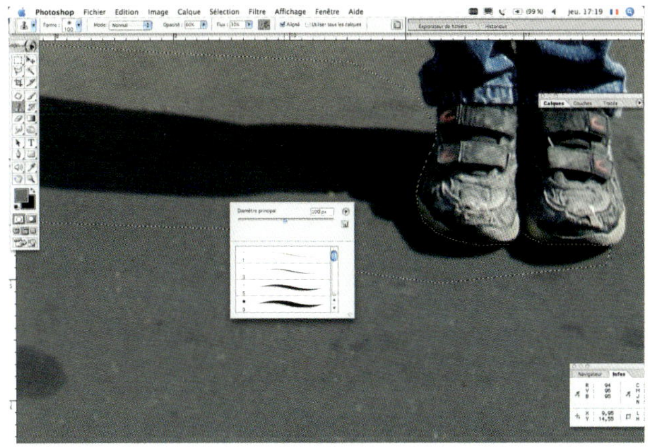

2 Paramétrez l'outil Tampon avec un diamètre de 100 pixels, une opacité de 60 % et un flux de 30 % en mode Aérographe.

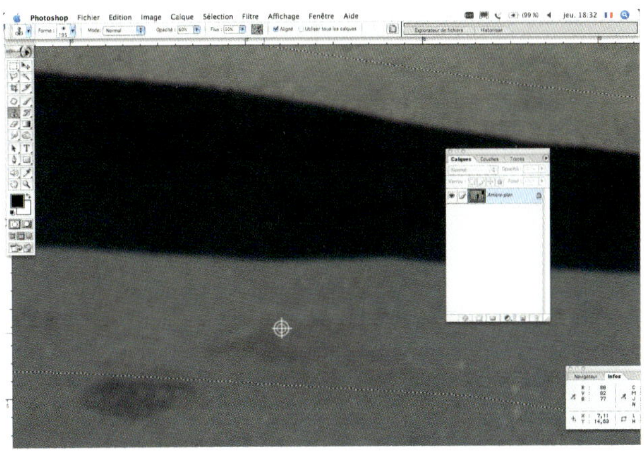

3 En maintenant la touche Alt enfoncée, cliquez sur une zone se situant sous l'ombre pour prélever de la matière.

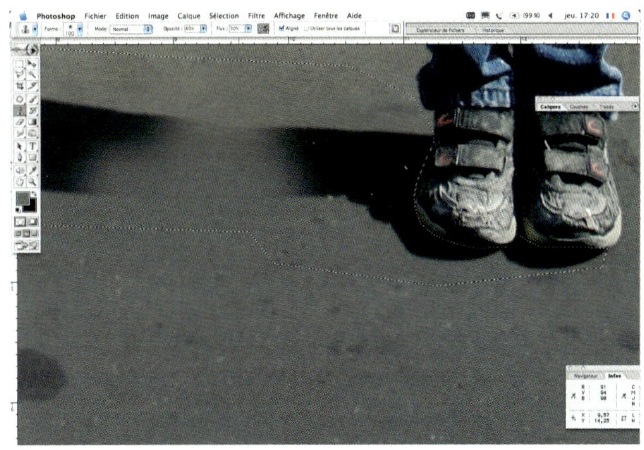

4 Déposez cette matière sur l'ombre. Utilisez le tampon par petites touches pour faire disparaître progressivement l'ombre du personnage.

5 Toujours à l'aide de l'outil Lasso polygonal, sélectionnez ensuite le personnage de l'image 2.

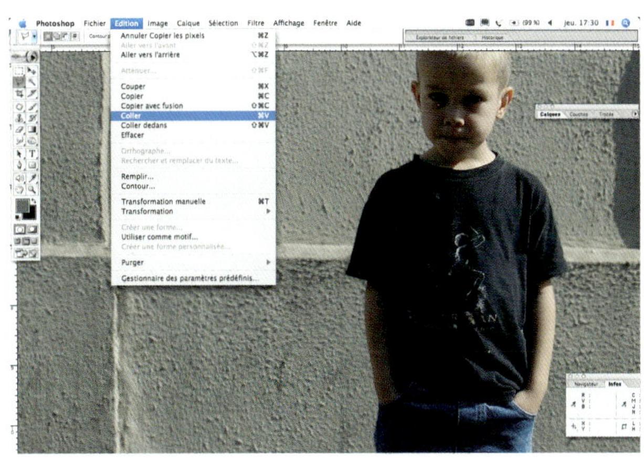

6 Copiez la sélection et collez-la dans l'image 1. Un nouveau calque se crée automatiquement, nommé Calque 1.

7 Activez la sélection en cliquant sur le Calque 1 tout en maintenant la touche Ctrl (sur Mac) enfoncée.

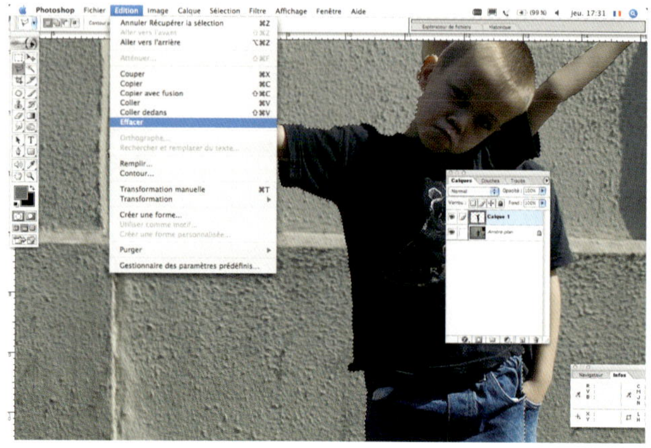

8 Videz cette sélection à l'aide du menu Édition>Effacer.

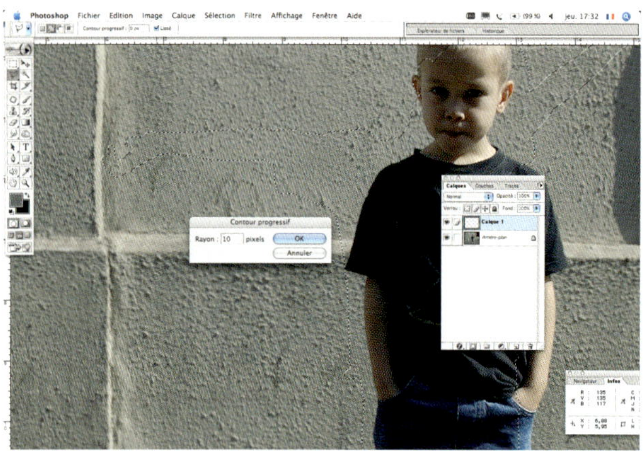

9 Affectez à cette sélection un contour progressif de 10 pixels via le menu Sélection>Contour progressif.

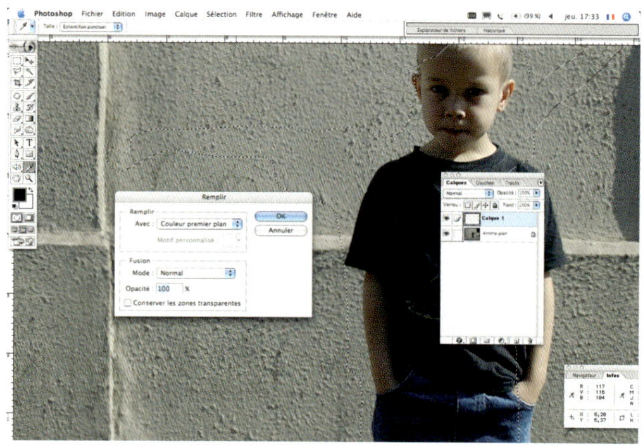

10 Avec l'outil Définir la couleur de premier plan, choisissez le noir dans le Sélecteur de couleurs. Via le menu Édition>Remplir, remplissez la sélection de noir en mode Normal à 100 % avec la case Conserver les zones transparentes décochée.

11 À l'aide de l'outil Rectangle de sélection de la palette d'outils, sélectionnez la partie inférieure de la sélection remplie de noir et placez cette zone sur la base du personnage avec l'outil Déplacement.

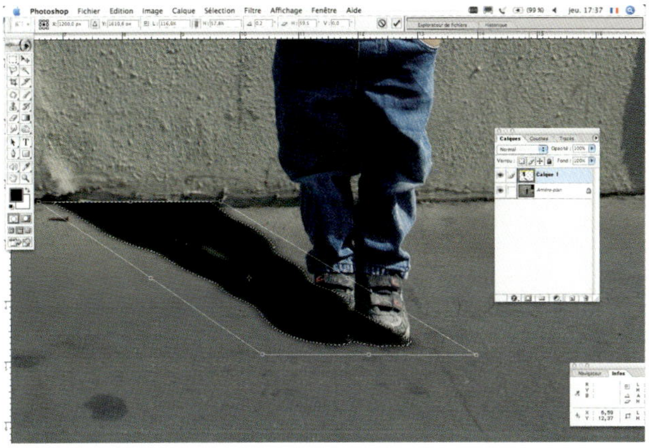

12 Utilisez la fonction Transformation manuelle, accessible depuis le menu Édition, pour déformer cette nouvelle portion d'ombre. Tirez sur les poignées en direction du bas du mur tout en maintenant la touche Ctrl (sur Mac) enfoncée.

13 Répétez les opérations des étapes 11 et 12 pour la partie supérieure de la sélection remplie de noir et raccordez les deux portions au niveau du bas du mur.

14 Placez-vous sur le calque d'arrière-plan et masquez le calque de l'ombre en cliquant sur son icône en forme d'œil. Récupérez la sélection de ce calque en cliquant dessus, tout en maintenant la touche Ctrl (sur Mac) enfoncée.

15 Avec l'outil Lasso polygonal, et tout en maintenant la touche Alt enfoncée, supprimez de la sélection précédente les zones de l'ombre qui masquent le personnage, situées au niveau des chaussures.

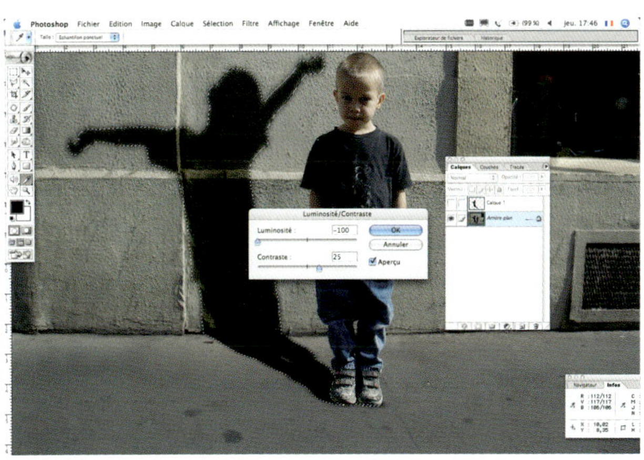

16 Placez-vous sur le calque d'arrière-plan et via le menu Image>Réglages>Luminosité/Contraste, réglez la luminosité à –100 et le contraste à 25. Au lieu d'avoir une ombre constituée d'un aplat noir, vous conservez ainsi la texture du mur.

Remplacer un visage

Facile

Réalisation : 20 min

Outils utilisés :
Lasso
Déplacement
Masque de fusion
Transformation manuelle

Lorsque vous prenez quelqu'un en photo, il n'est pas toujours évident de capter la bonne expression, si bien que vous êtes souvent tenté de le mitrailler pour en obtenir une de réussie. Dans les photos de groupe, cet effet s'accentue : vous vous retrouvez généralement avec un cliché où tout le monde est bien, sauf un qui sourit sur une photo où ce sont d'autres qui font la moue. Mais grâce à Photoshop, il est toujours possible de récupérer les visages souriants d'une image pour les coller sur une autre afin qu'au final, vous disposiez d'une photo parfaite. La technique présentée ici vous permettra ainsi de retoucher des photos de deux personnes comme celles d'un groupe de cinquante !

Cyril Bruneau

Fichier initial : imagedepart17_1.jpg
imagedepart17_2.jpg
Fichier final : imagearrivee17.jpg

1 Ouvrez la photo imagedepart17_1.jpg qui vous servira d'image de fond.

2 Ouvrez la photo imagedepart17_2.jpg, puis activez l'outil Lasso avec un contour progressif de 5 pixels et sélectionnez l'intérieur du visage du bébé.

3 Copiez votre sélection en appuyant sur les touches Ctrl + C (+ C sur Mac) et collez-la sur l'image de fond via le raccourci Ctrl + V (+ V sur Mac). Un Calque 1 se crée automatiquement.

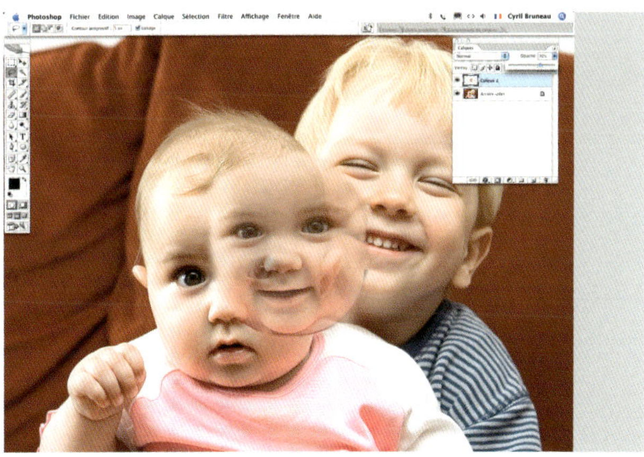

4 Ouvrez la palette des calques en appuyant sur la touche F7 et modifiez l'opacité du Calque 1 à 70 %.

Notre suggestion

Pour passer d'une fenêtre à l'autre, vous pouvez utiliser le raccourci clavier Ctrl + < (+ < sur Mac).

5 Déplacez le calque à l'aide de l'outil Déplacement de la palette d'outils et superposez-le sur le visage.

6 Comme le visage du dessous est plus grand, agrandissez celui du dessus en allant dans le menu Édition> Transformation manuelle. Validez en double-cliquant dans le cadre.

Notre suggestion

Lorsque vous agrandissez le visage avec l'outil Transformation manuelle, maintenez la touche Maj enfoncée pour obtenir une transformation homothétique.

7 Repassez l'opacité du calque à 100 %.

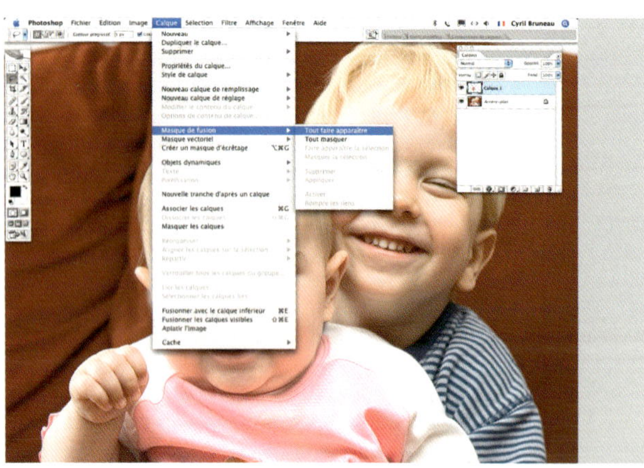

8 Vous allez créer un masque de fusion pour effacer les parties superflues du calque. Pour cela, allez dans le menu Calque>Masque de fusion>Tout faire apparaître.

9 Avec l'outil Pinceau, peignez en noir les parties à effacer.

Notre suggestion

Utilisez un pinceau doté d'une forme assez épaisse et d'une dureté nulle afin que le calque du dessus se fonde progressivement avec celui du dessous. Pour modifier la forme d'un outil, il suffit de cliquer droit (ou Ctrl + clic sur Mac).

10 L'avantage du masque de fusion réside dans le fait de pouvoir revenir en arrière en peignant en blanc. Pour passer du noir au blanc, appuyez sur la touche X.

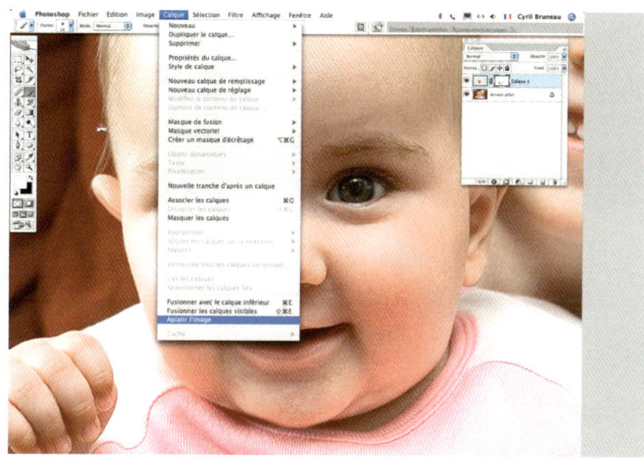

11 Lorsque vous avez terminé, allez dans le menu Calque> Aplatir l'image.

12 Voilà, le sourire est revenu. Vous pouvez sauvegarder l'image via le menu Fichier>Enregistrer sous.

Supprimer un élément indésirable

Assez facile

Réalisation : 20 min

Outils utilisés :
Transformation manuelle
Sélection
Correcteur
Tampon
Gomme

Photoshop propose plusieurs outils permettant de prélever de la matière sur une zone de l'image pour aller la copier à un autre endroit. Ces outils, comme le tampon et le correcteur, se révèlent très pratiques pour remplacer une partie disgracieuse d'une photo par une zone vierge de tout défaut. Dans cet atelier, le château d'eau présent sur ce paysage n'est pas très heureux. Pour le faire disparaître, vous allez copier une portion de ciel de la photo pour la coller sur un nouveau calque créé à cet effet. À l'aide de l'outil Transformation manuelle, cette zone copiée sera agrandie pour recouvrir plus précisément la zone indésirable. Pour finir, la luminosité sera adaptée pour fondre ce nouvel élément avec le fond, tandis que les arbres et le mur seront légèrement retouchés.

Bernard Richebé

Fichier initial : imagedepart18.jpg
Fichier final : imagearrivee18.jpg

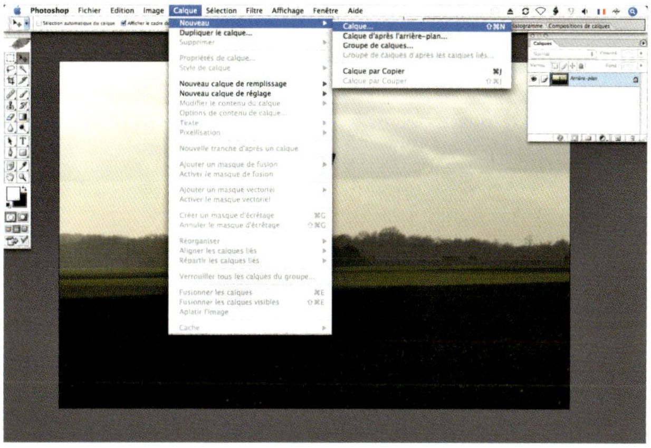

1 Ouvrez l'image et allez dans le menu Calque>Nouveau> Calque pour créer un nouveau calque.

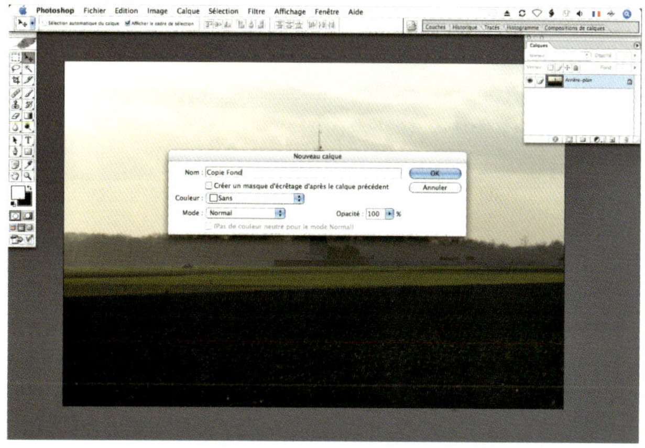

2 Dans la boîte de dialogue qui s'ouvre, baptisez ce nouveau calque : Copie Fond. Il vaut mieux donner des noms assez descriptifs aux calques créés, pour éviter d'éventuelles confusions par la suite.

3 Si la palette des calques n'est pas affichée, allez dans le menu Fenêtre>Calques. Sélectionnez le calque d'arrière-plan, puis appuyez sur la touche M pour activer l'outil Rectangle de sélection. Tracez un rectangle comme indiqué.

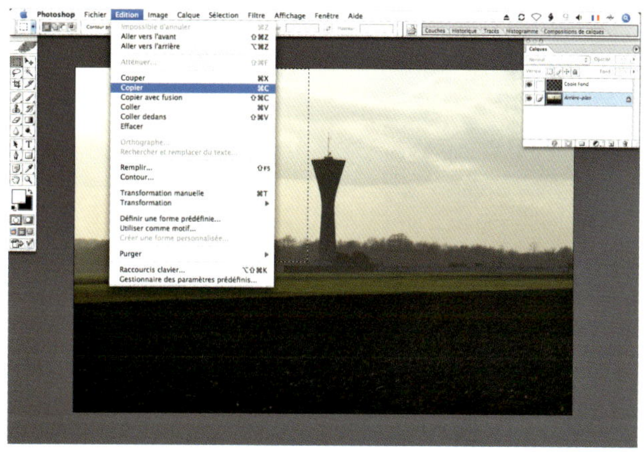

4 Le calque Arrière-plan étant toujours sélectionné, vous allez copier le rectangle dessiné par l'outil de sélection. Pour cela, allez dans le menu Édition>Copier.

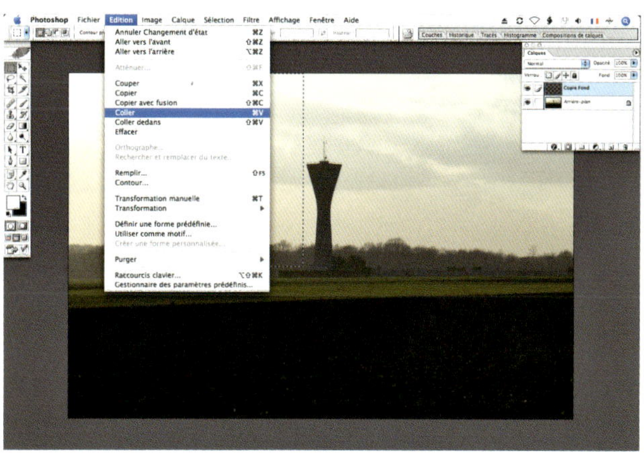

5 Il s'agit maintenant de coller ce rectangle dans le calque Copie Fond. Sélectionnez d'abord ce dernier, puis rendez-vous dans le menu Édition>Coller.

6 Allez dans le menu Édition>Transformation manuelle : un cadre avec des poignées sur les côtés apparaît. Avec la souris, déformez ce cadre en tirant sur les poignées pour recouvrir le château d'eau avec précision.

7 Une fois le cadre bien adapté à l'image du fond, appuyez sur la touche Entrée pour valider cette transformation.

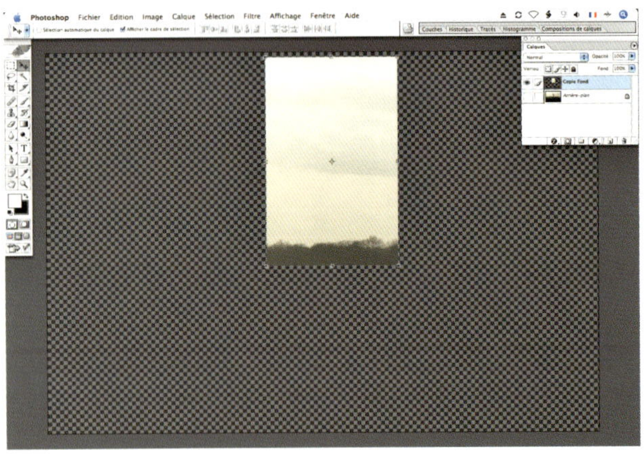

8 En masquant le calque d'arrière-plan, on repère très bien la portion d'image collée sur le calque Copie Fond. Cliquez sur l'œil situé devant le calque d'arrière-plan, dans la palette des calques. Puis cliquez à nouveau pour visualiser la sélection collée.

9 Sélectionnez le calque Copie Fond et appuyez sur la touche E pour activer l'outil Gomme. Choisissez une taille de brosse de 65 pixels et de dureté 0 % en cliquant droit dans l'image (ou Ctrl + clic sur Mac).

10 Gommez le bas de la sélection de manière à rendre flou son contour, en ayant au préalable activé l'outil Loupe pour afficher l'image à sa taille réelle : cela vous permettra d'effectuer un travail de précision.

11 Procédez de la même manière tout autour de la sélection.

12 Une fois le pourtour de la sélection gommé, revenez à une taille d'image adaptée à l'écran en double-cliquant sur l'outil Main. Le calque Copie Fond toujours sélectionné, allez dans le menu Sélection>Récupérer la sélection.

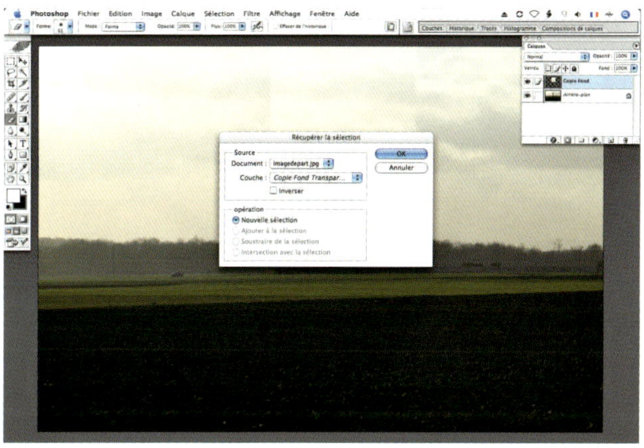

13 Récupérer la sélection de la couche Copie Fond Transparent revient à utiliser les coups de gomme précédents, ce qui va vous permettre de fondre le calque suivant Luminosité/Contraste.

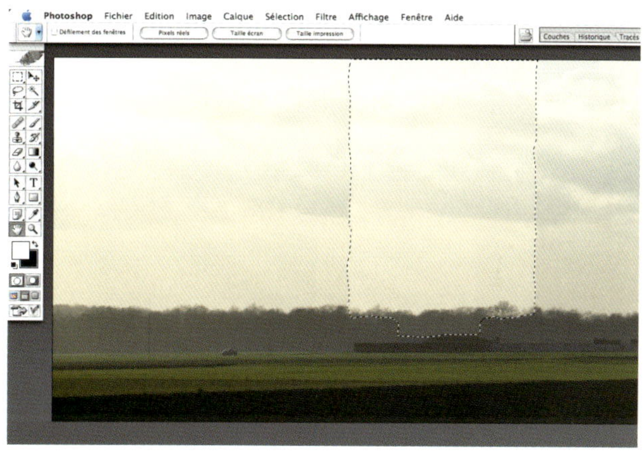

14 Après validation par OK, on aperçoit le tracé de la sélection. En affichant l'image à sa taille réelle, on distingue parfaitement le contour irrégulier de cette sélection.

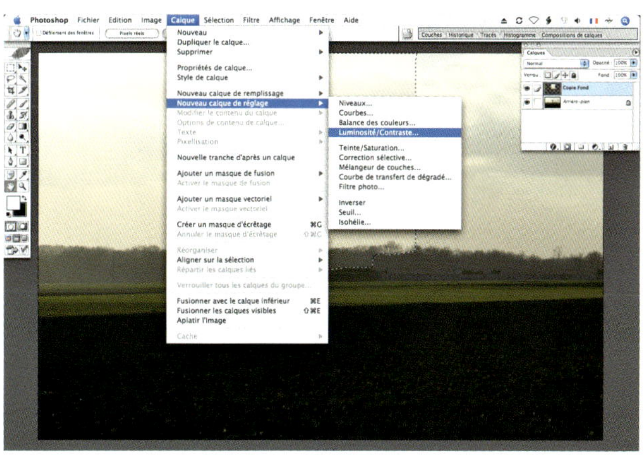

15 Allez ensuite dans le menu Calque>Nouveau calque de réglage>Luminosité/Contraste.

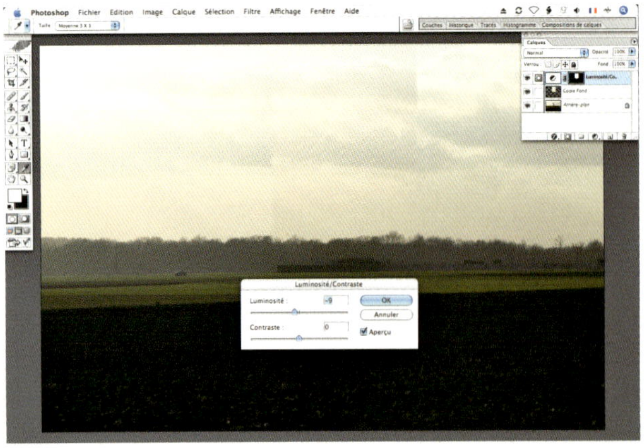

16 La portion de ciel ayant servi à masquer le château d'eau étant un peu plus claire, il faut procéder à un ajustement. Entrez –9 comme valeur de luminosité, de manière à équilibrer la sélection avec le reste de l'image.

17 Dans la palette des calques, réglez l'opacité sur 85 % et le mode de fusion du calque sur Luminosité : ainsi, seule la luminosité sera affectée par la correction, la couleur de l'image ne sera pas modifiée.

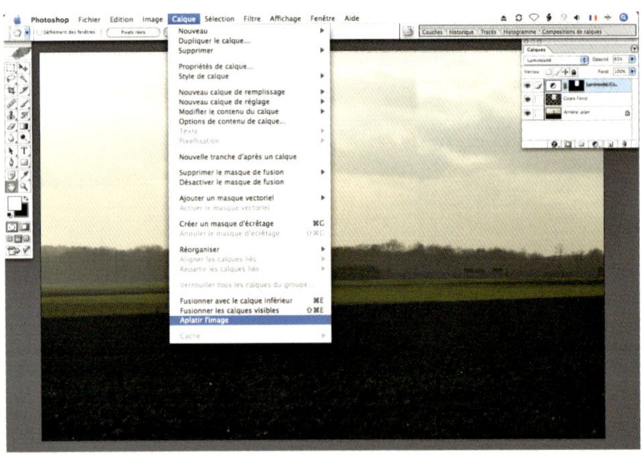

18 Arrivé à ce stade, il faut aplatir l'image pour agir sur tous les pixels composant le fichier, et non uniquement sur les pixels d'un calque. Fusionnez tous les calques via le menu Calque>Aplatir l'image.

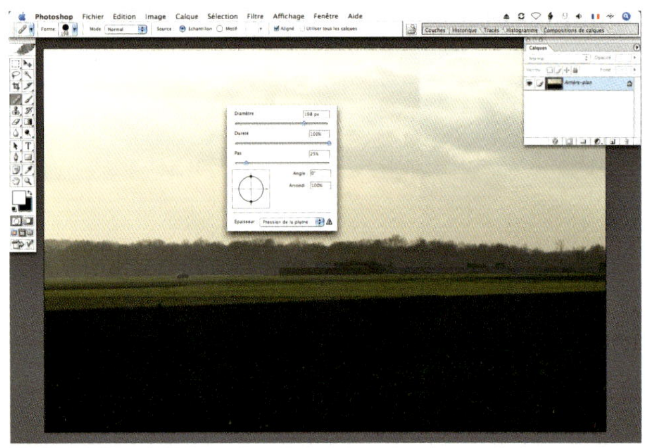

19 Sélectionnez l'outil Correcteur via la touche J. Puis effectuez un clic droit (ou Ctrl + clic sur Mac) pour afficher la fenêtre du choix de la forme de l'outil : choisissez Diamètre 198, Dureté 100 %, Pas 25 %.

20 En laissant l'image à la taille écran, effectuez un Alt + clic sur le nuage situé à droite de la zone collée auparavant, pour y prélever un échantillon de pixels, à la manière du tampon.

21 À noter que dans CS2, l'outil Correcteur de tons directs ne nécessite plus de prélever un échantillon avec la touche Alt. Vous cliquez puis glissez directement la souris ou le stylet.

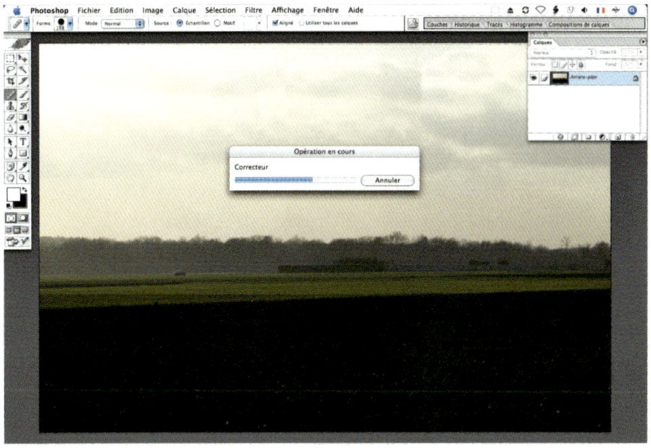

22 Puis, en partant du haut de la photo vers le bas, cliquez-déplacez la souris pour recouvrir la partie mal raccordée des nuages. Lorsqu'on relâche la souris, un calcul s'effectue puis le résultat est appliqué à l'image. Impressionnant !

23 Procédez par petites touches successives. Effectuez des prélèvements d'échantillons via Alt + clic, une fois à droite une fois à gauche de façon à mélanger les sources, ce qui rendra la retouche encore moins visible.

24 Pour retoucher les arbres au-dessus du mur, agrandissez la zone correspondante. Sélectionnez le tampon, car il sera plus adapté à cette partie de l'image, plus contrastée. Là encore, agissez par petites touches en variant les prélèvements.

25 Une fois le tampon passé sur les arbres et le mur, la retouche ne se voit plus du tout.

26 Reste un détail à régler : sur la partie gauche de la photo figure un poteau électrique qui devient gênant depuis que l'image ne comporte plus de château d'eau. Pour le supprimer, utilisez le tampon doté d'une forme de 65 pixels et de dureté 0 %.

Atelier 19

Fusionner deux visages

Assez facile

Réalisation : 50 min

Outils utilisés :
Pièce
Correcteur
Règles
Taille de la zone de travail

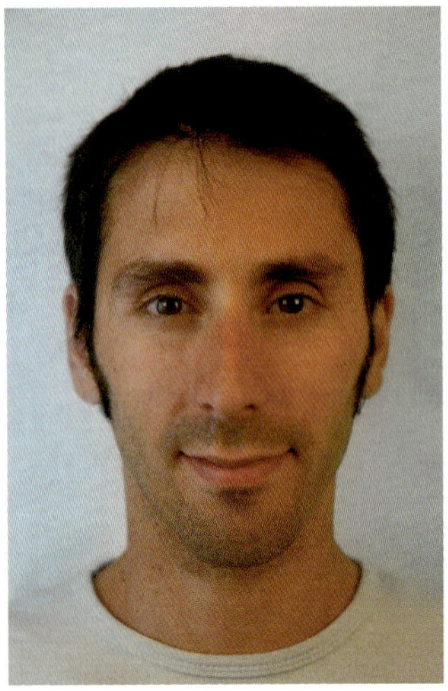

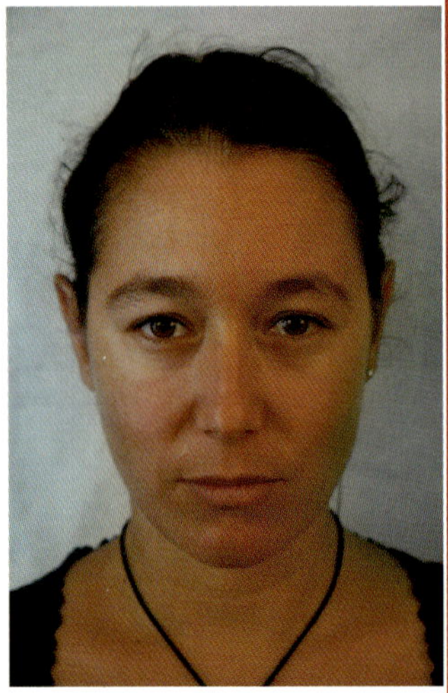

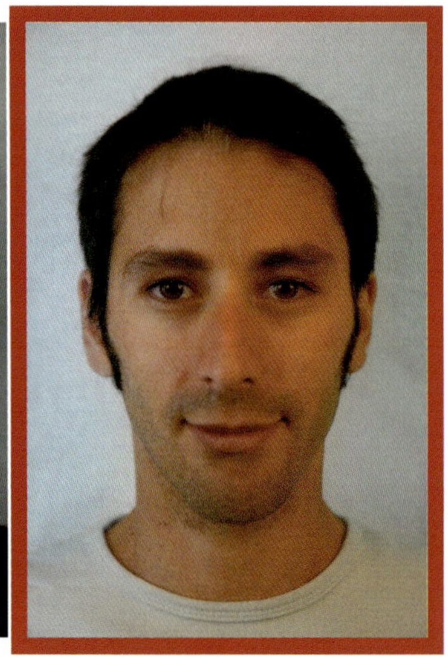

Le photomontage décrit dans cet atelier consiste à fusionner un visage d'homme et un visage de femme : avec Photoshop, vous allez ainsi découvrir à quoi ressemblerait le fruit de l'union de ce couple ! Deux techniques sont employées pour cette réalisation : l'une fait appel à l'outil Pièce, l'autre utilise le correcteur. À vous d'adopter celle qui vous paraîtra la plus efficace.

Outre son aspect ludique, cet atelier demandera une grande précision dans la manipulation des différents éléments du visage. En effet, un œil placé trop haut ou légèrement excentré apparaîtrait immédiatement comme une malformation. C'est pourquoi il est conseillé d'utiliser les règles pour se repérer facilement dans le visage.

Tai-Marc Le Thanh

Fichier initial : imagedepart19_1.jpg
imagedepart19_2.jpg
Fichier final : imagearrivee19.jpg

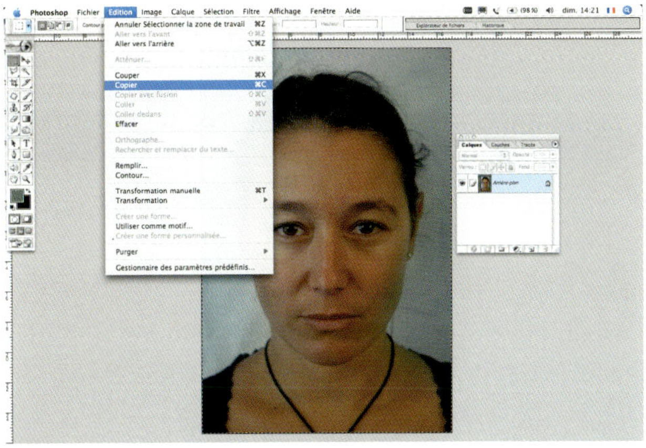

1 Ouvrez l'image 2. Sélectionnez toute l'image grâce au menu Sélection>Tout sélectionner et copiez la sélection.

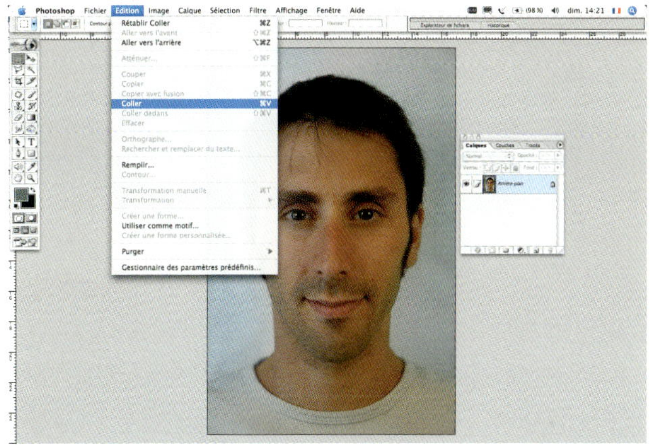

2 Collez-la sur l'image 1 : un Calque 1 se crée automatiquement.

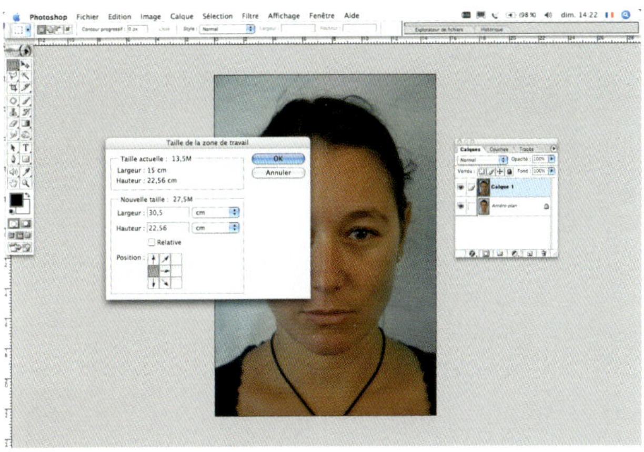

3 Dans le menu Image, ouvrez la fonction Taille de la zone de travail. Choisissez une largeur d'image de 30,5 cm en sélectionnant sur la grille le carré médian de gauche.

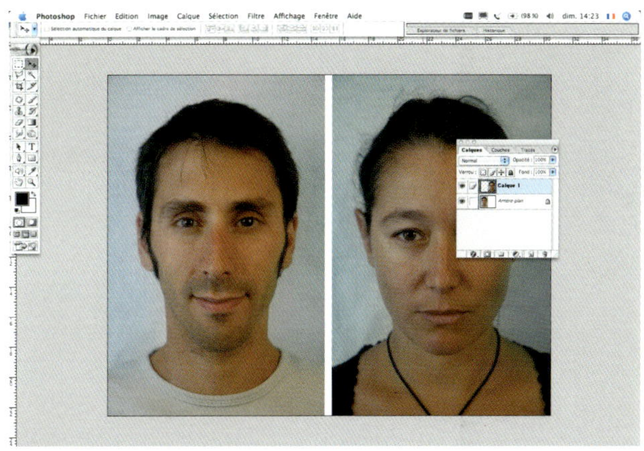

4 Avec l'outil Déplacement, déplacez l'image 2 vers la droite en réservant une petite marge entre les deux photos. Maintenez la touche Maj enfoncée pendant cette opération pour que l'image ne se déplace pas verticalement.

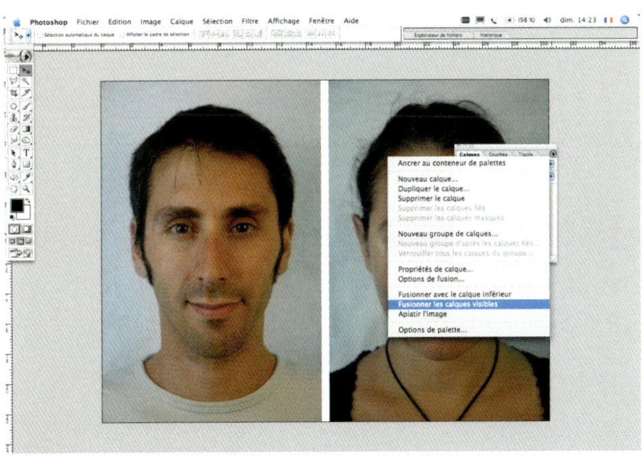

5 Fusionnez les deux calques via le menu Calque>Fusionner les calques visibles.

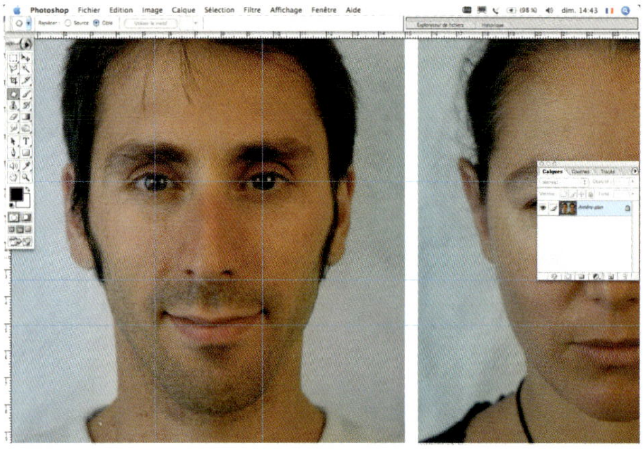

6 Affichez les règles via le menu Affichage. En cliquant dans les marges blanches graduées, tirez trois règles horizontales et deux règles verticales pour marquer le centre des yeux, le bas du nez et la bouche.

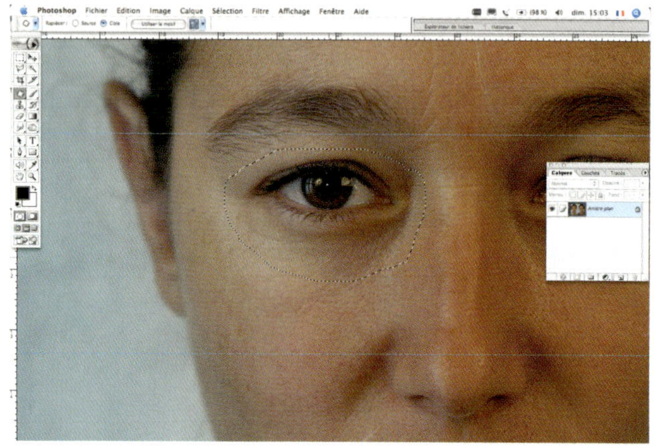

7 Première méthode : avec l'outil Pièce de la palette d'outils (situé au même endroit que le correcteur), paramétré en mode Cible dans la barre d'options, sélectionnez l'œil gauche de la femme.

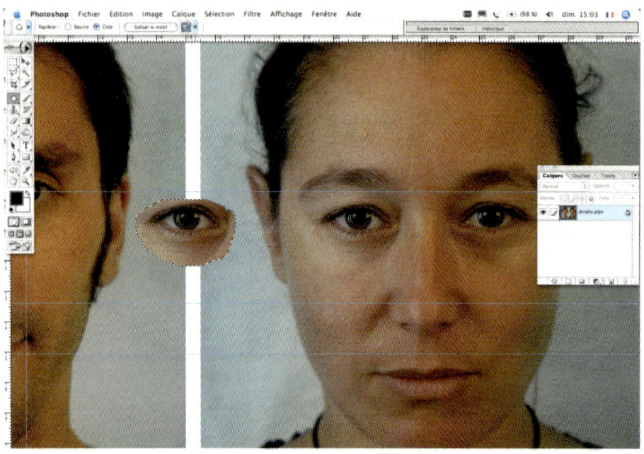

8 Déplacez la sélection sur l'œil gauche de l'homme en tenant compte des indications des règles.

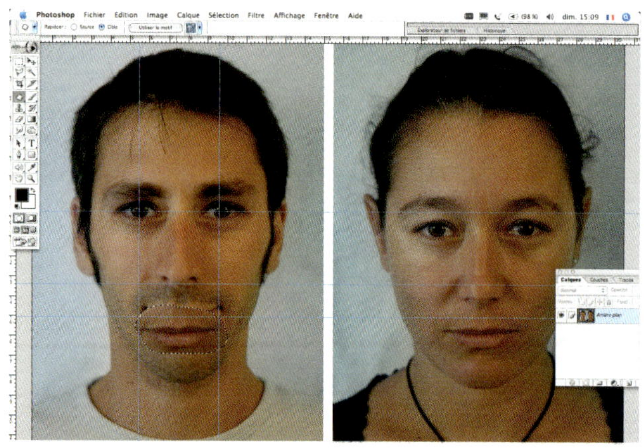

9 Procédez de même avec l'œil droit et la bouche.

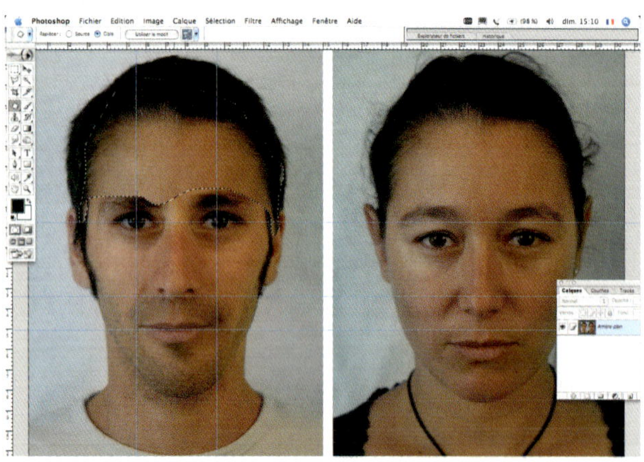

10 Effectuez la même opération avec l'implantation des cheveux. Une fois le visage terminé, recadrez la photo avec l'outil Rectangle de sélection, puis allez dans le menu Image>Recadrer.

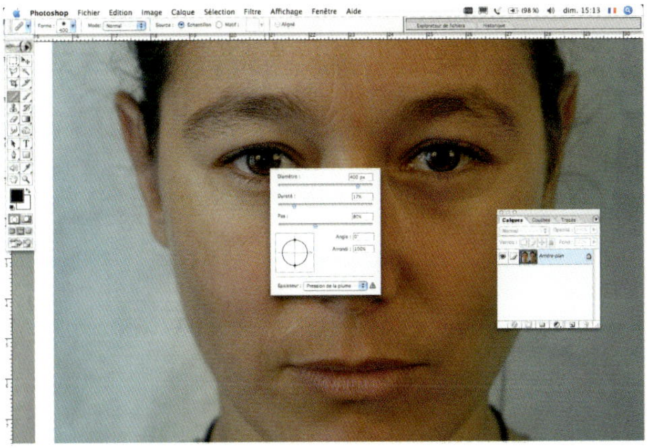

7 Deuxième méthode : dans la palette d'outils, activez l'outil Correcteur et réglez son diamètre à 400 pixels en laissant les autres paramètres par défaut.

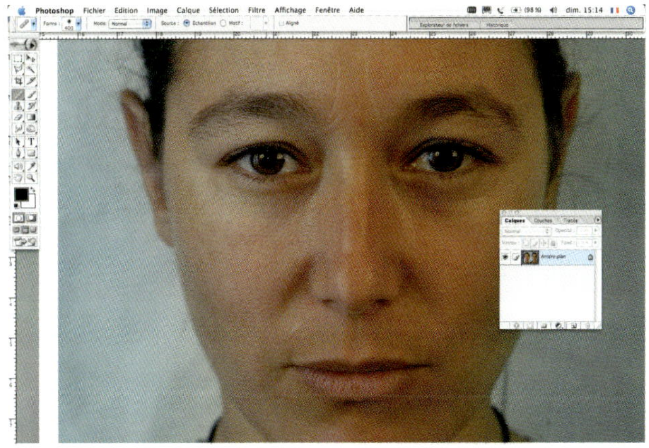

8 Placez le curseur au niveau de l'œil gauche de la femme et cliquez tout en maintenant la touche Alt enfoncée, afin de prélever cette zone.

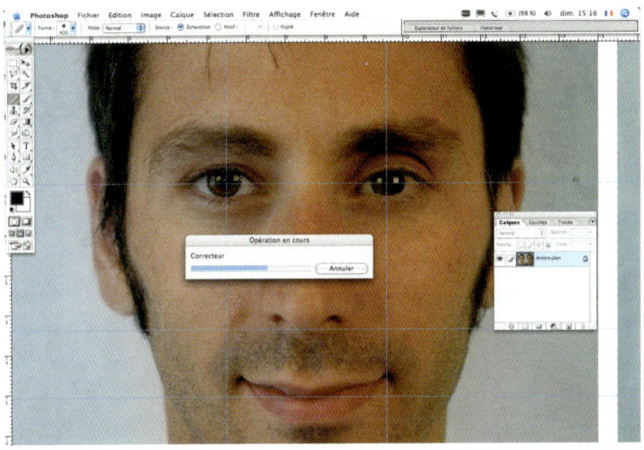

9 Placez-vous au niveau de l'œil gauche de l'homme et cliquez pour déposer la matière prélevée.

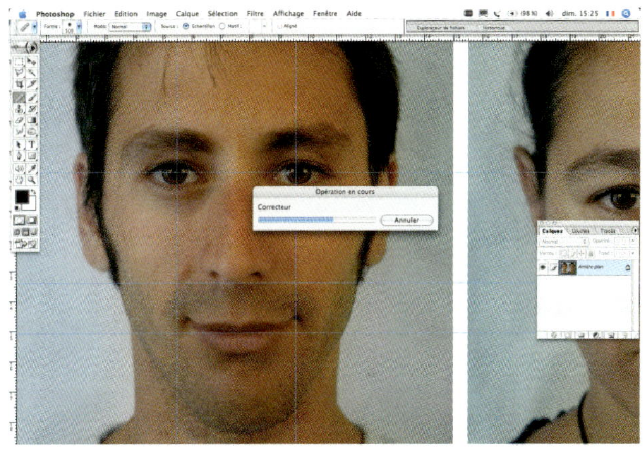

10 Procédez de même pour l'œil droit et pour la bouche.

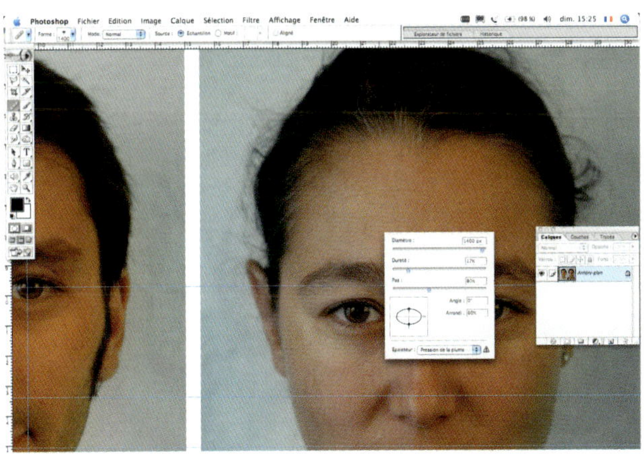

11 Cliquez droit dans l'image (ou Ctrl + clic sur Mac) pour faire apparaître les options du correcteur. Choisissez une taille de 1400 pixels et un arrondi de 60 %.

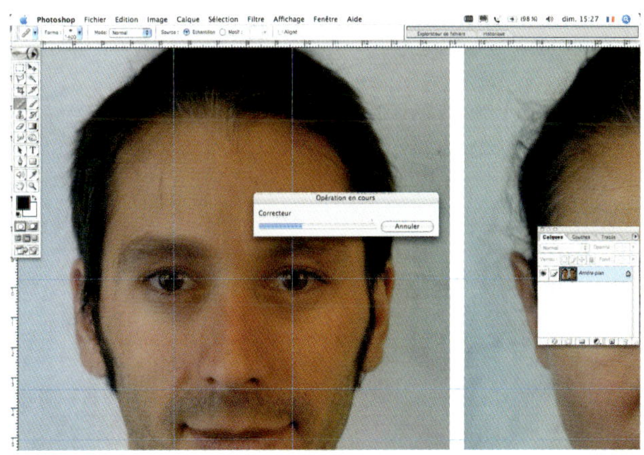

12 Procédez alors à la fusion de l'implantation des cheveux, puis recadrez la photo une fois le visage terminé (voir étape 10).

Détourer à la plume

Assez facile

Réalisation : 30 min

Outils utilisés :
Plume
Transformation manuelle

Réaliser des photomontages dans Photoshop est un procédé qui peut sembler long et fastidieux du fait du temps passé à détourer. Il est donc primordial d'apprendre les différentes techniques disponibles afin de rendre ce travail plus digeste. L'outil Plume permet de détourer de façon très précise des objets aux formes géométriques. Très employé par les professionnels, cet outil demande un effort de compréhension et un peu d'entraînement. Courage !

Cyril Bruneau

Fichier initial : imagedepart20_1.jpg
imagedepart20_2.jpg
Fichier final : imagearrivee20.jpg

1 Ouvrez l'image du papillon et sélectionnez l'outil Plume en veillant à ce que, dans la barre d'options de l'outil Plume, l'option Tracé soit sélectionnée.

2 Cliquez sur la base de l'aile pour y placer le premier point du tracé, puis cliquez sur un deuxième point sans lâcher le bouton de la souris, et tendez la tangente de la courbe pour qu'elle épouse la courbure de l'aile.

3 Continuez ainsi jusqu'à l'extrémité de l'aile. Si vous rencontrez des difficultés, rapprochez vos points d'ancrage.

4 Il va falloir supprimer une demi-tangente pour pouvoir repartir dans l'autre sens. Cliquez sur votre dernier point d'ancrage en maintenant la touche Alt enfoncée.

Notre suggestion

Si vous souhaitez déplacer un point d'ancrage pour le rapprocher du papillon par exemple, sélectionnez-le en cliquant dessus et en appuyant sur la touche Ctrl (sur Mac) tout en le repositionnant.

5 Continuez votre détourage de la même manière, en essayant d'être un peu plus à l'intérieur du papillon qu'à l'extérieur.

6 Pour les antennes, n'hésitez pas à beaucoup zoomer.

7 Une fois que vous avez rejoint le premier point, le tracé se ferme. Ouvrez alors la palette des tracés via le menu Fenêtre>Tracés.

8 La petite flèche située en haut à droite de la palette des tracés permet d'ouvrir un menu : sélectionnez-y la fonction Mémoriser le tracé.

9 Nommez le tracé Papillon et validez.

10 Retournez dans le menu de la palette des calques, choisissez Définir une sélection et réglez le rayon sur 1 pixel. Validez et copiez ensuite votre sélection en appuyant sur les touches Ctrl + C (C + C sur Mac).

11 Ouvrez l'image de la fleur et collez-y votre papillon en appuyant sur les touches Ctrl + V (+ V sur Mac).

12 Sélectionnez Transformation manuelle dans le menu Édition.

13 Placez le papillon où vous le souhaitez et ajustez sa taille en rapprochant les poignées du cadre vers l'intérieur. Validez en double-cliquant à l'intérieur du cadre.

14 Aplatissez l'image via le menu Calque>Aplatir l'image et sauvegardez-la.

Détourer à l'aide des couches

Difficile

Réalisation : 15 min

Outils utilisés :
Couches
Masque de fusion
Lasso
Filtre Flou gaussien

Le détourage est l'une des opérations incontournables de la retouche photo. Pour détourer un élément, il existe plusieurs techniques à connaître : outre celle faisant appel à l'outil Plume (voir l'atelier n° 20 « Détourer à la plume »), les professionnels de la retouche ont souvent recours à une méthode qui utilise les couches de couleurs de l'image. Cette technique très précise ne fonctionne pas dans tous les cas mais se révèle parfaitement adaptée lorsque l'élément à détourer ou le fond se distingue bien dans l'une des couches de l'image. À vous ensuite de déterminer, selon la retouche que vous souhaitez effectuer, quelle méthode sera la plus rapide et la mieux adaptée.

Cyril Bruneau

Fichier initial : imagedepart21.jpg
Fichier final : imagearrivee21.psd

1 Ouvrez l'image puis la palette des couches en allant dans le menu Fenêtre>Couches. Au regard des icônes des différentes couches, vous constatez que le coquelicot se détache très bien dans la couche Rouge.

2 Dupliquez cette couche en faisant glisser sa vignette sur l'icône Créer une couche, située en bas à droite. Vous pouvez également la dupliquer via le menu qui apparaît en cliquant sur la flèche se trouvant en haut à droite de la palette.

3 Vous allez à présent créer un masque avec cette couche pour détourer le coquelicot. Le masque devra être entièrement blanc et le fond parfaitement noir. Ouvrez la fenêtre des niveaux en appuyant sur les touches Ctrl + L (+ L sur Mac).

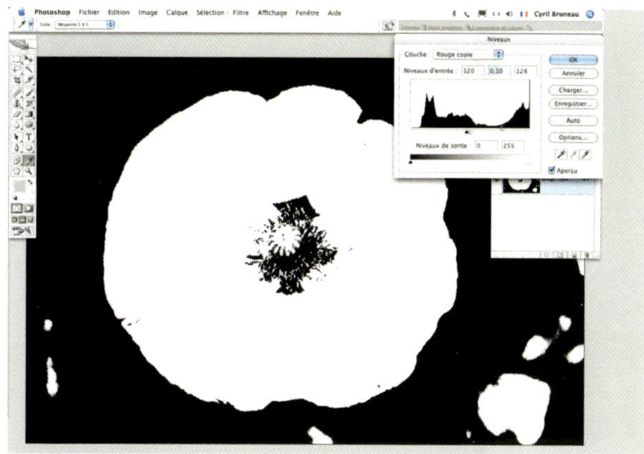

4 Sous l'histogramme, positionnez le curseur du blanc à droite et celui du noir à gauche afin d'avoir un coquelicot pratiquement blanc sur un fond complètement noir, puis validez en cliquant sur OK.

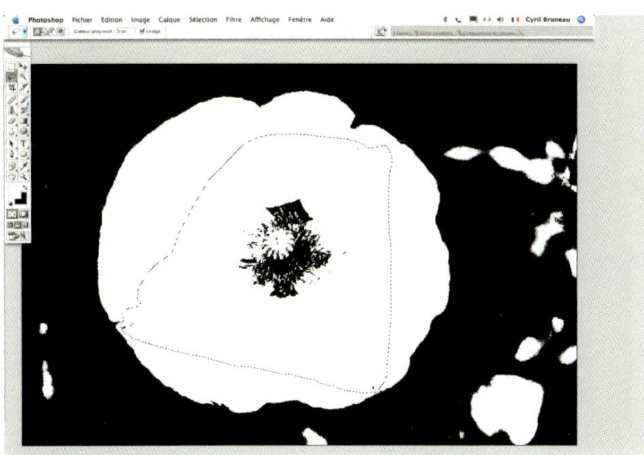

5 Avec l'outil Lasso, entourez à l'intérieur du coquelicot les zones qui ne sont pas blanches.

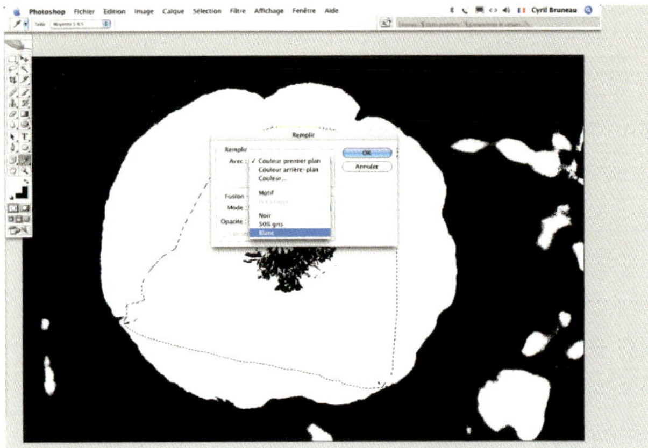

6 Dans le menu Édition>Remplir, choisissez Blanc dans le menu déroulant pour blanchir les zones.

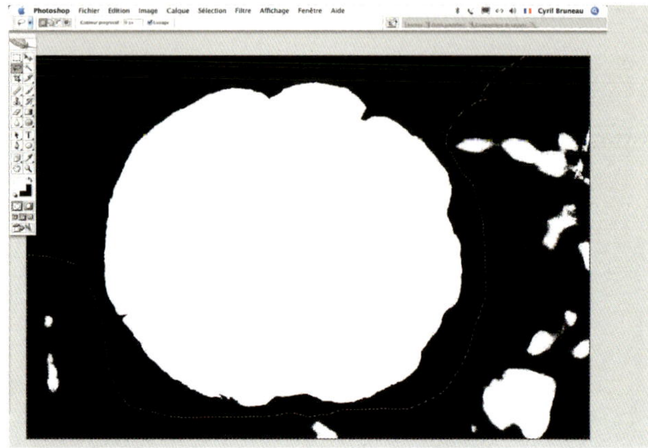

7 Utilisez ensuite l'outil Lasso pour entourer toutes les parties du fond qui ne sont pas noires.

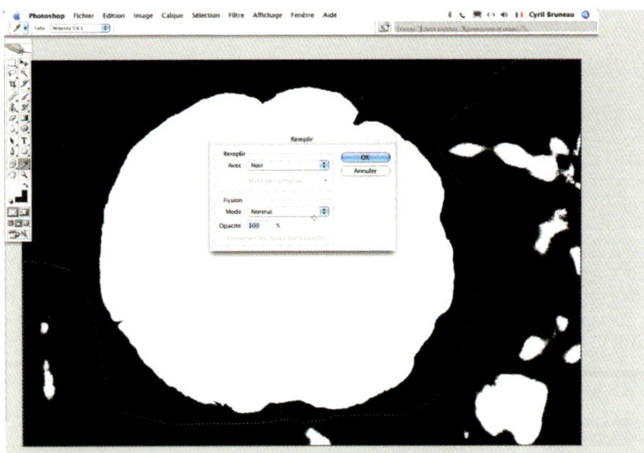

8 De la même manière, rendez-vous dans le menu Édition>Remplir et choisissez Noir proposé dans le menu déroulant Remplir avec, puis appuyez sur OK.

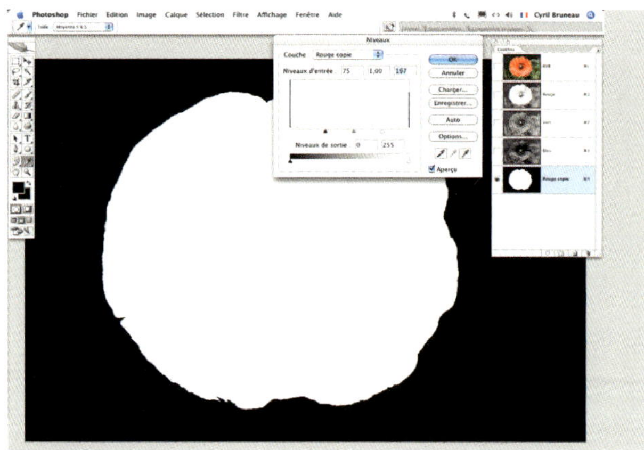

9 Appuyez sur les touches Ctrl + D (+ D sur Mac) pour supprimer votre sélection, puis sur Ctrl + L (+ L) pour faire réapparaître la fenêtre des niveaux. Rapprochez de nouveau les curseurs noir et blanc de leurs extrémités.

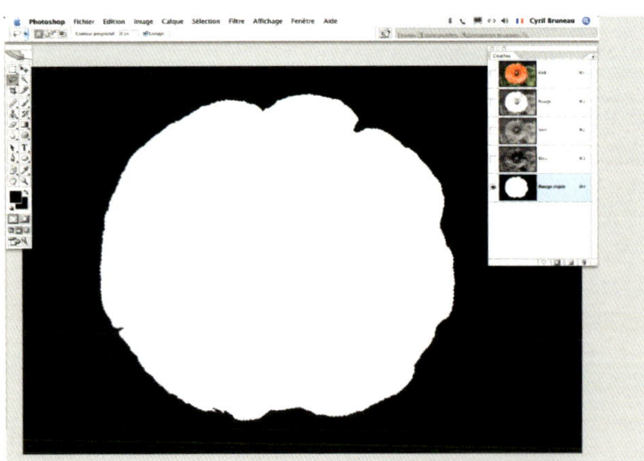

10 Appuyez sur la touche Ctrl (sur Mac) tout en cliquant sur l'icône de la couche Rouge copie dans la palette des couches afin de faire apparaître la sélection du masque réalisé.

11 Cliquez sur la couche RVB pour visualiser et travailler sur l'ensemble de l'image.

12 Ouvrez la palette des calques et double-cliquez sur l'icône Arrière-plan pour le transformer en calque. Nommez-le Coquelicot, puis appuyez sur OK pour valider.

13 Cliquez sur l'icône de masque de fusion, située en bas de la palette des calques et symbolisée par un rectangle gris contenant un rond blanc.

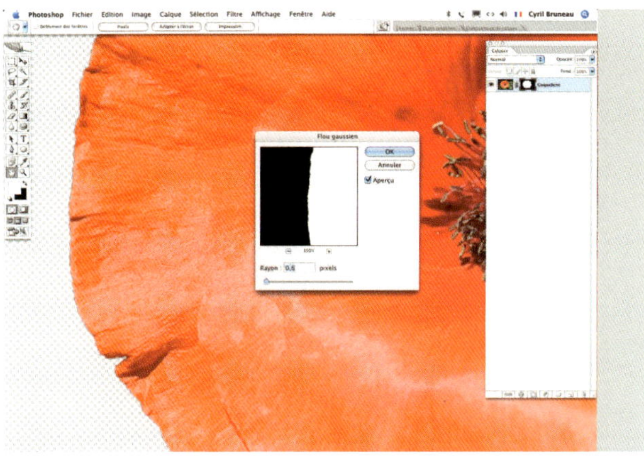

14 Pour atténuer la marque du détourage, floutez un peu le masque en appliquant le filtre Flou gaussien (Filtre>Atténuation>Flou gaussien).

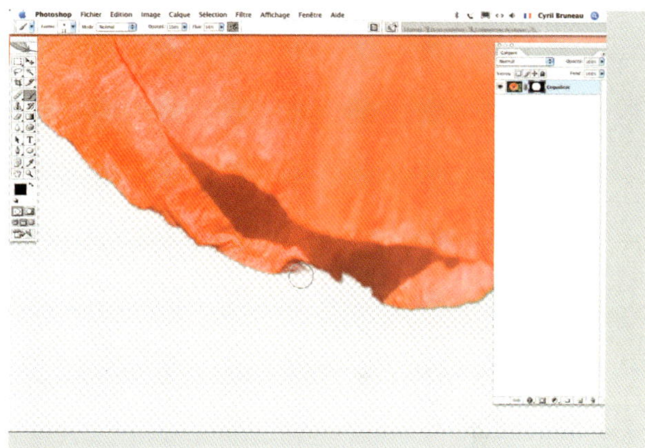

15 Affinez votre masque à l'aide de l'outil Pinceau. Ce que vous peignez en noir disparaît, ce que vous peignez en blanc apparaît.

16 Une fois le détourage terminé, vous pouvez mettre votre coquelicot sur n'importe quel fond. Sauvegardez votre travail au format Photoshop (.psd) pour pouvoir y apporter d'éventuelles modifications par la suite.

Greffer une tête d'animal

Difficile

Réalisation : 1 h 15

Outils utilisés :

Lasso polygonal
Transformation manuelle
Balance des couleurs
Filtre Grain
Gomme

Dans cet atelier, vous allez réaliser un photomontage consistant à affubler un personnage d'une tête de chat. Pour ce faire, il faudra d'abord détourer minutieusement la tête du chat, avant de l'intégrer à la photo du personnage, opération qui s'effectuera en plusieurs étapes. Dans un premier temps, vous appliquerez le même grain à la tête du chat et au personnage en vue d'unifier l'image finale. En effet, les deux photos n'ont pas été prises dans les mêmes conditions : en lumière naturelle avec une sensibilité faible pour le chat, en lumière artificielle avec une sensibilité élevée pour l'homme. Puis vous travaillerez sur les ombres en veillant à respecter l'éclairage du personnage.

Taï-Marc Le Thanh

Fichier initial : imagedepart22_1.jpg
imagedepart22_2.jpg
Fichier final : imagearrivee22.jpg

1 Ouvrez la photo du chat et activez l'outil Lasso polygonal pour détourer la tête et une partie du poitrail (zone qui correspondra au cou du personnage). Ce détourage n'est pas évident à effectuer, car la tête du chat est très poilue…

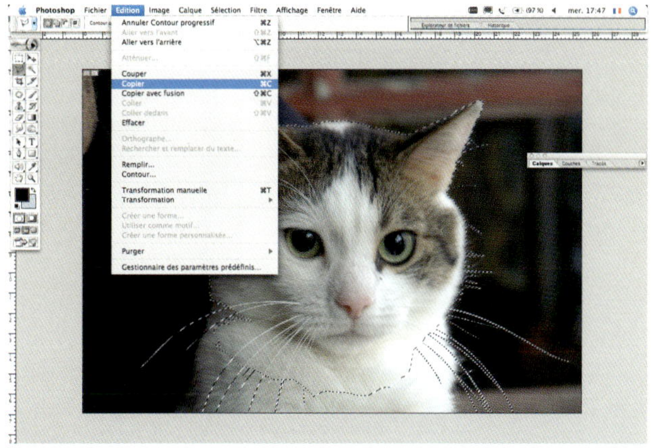

2 Rendez-vous dans le menu Sélection>Contour progressif pour assigner à la sélection un contour progressif de 1 pixel.

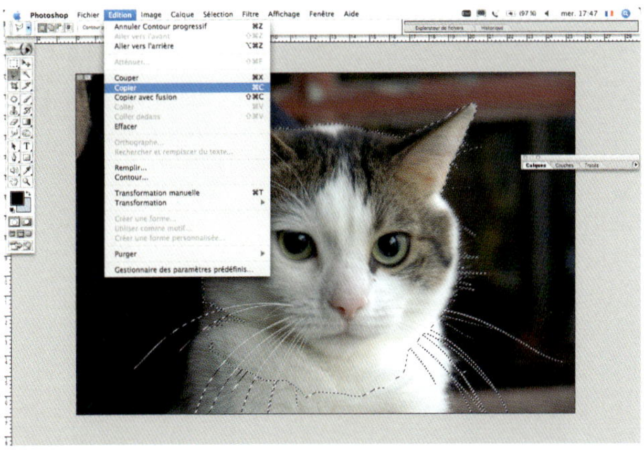

3 Allez dans le menu Édition>Copier pour copier la sélection et la coller sur la photo du personnage. Un nouveau calque se crée automatiquement.

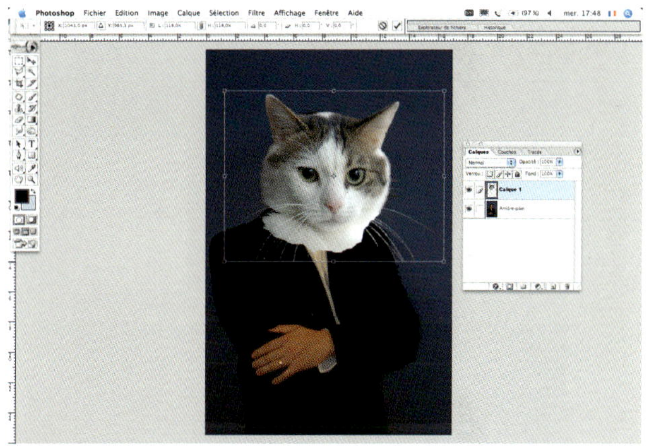

4 À l'aide de la fonction Transformation manuelle du menu Édition, ajustez la tête du chat pour qu'elle soit au bon format. Maintenez la touche Maj enfoncée pour que la transformation soit homothétique.

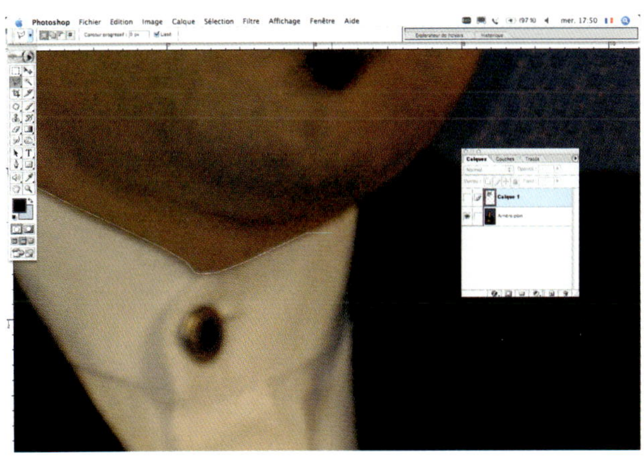

5 Masquez ensuite le calque de la tête du chat en cliquant sur l'œil situé devant le nom du calque et détourez avec le lasso polygonal le haut du costume et de la chemise.

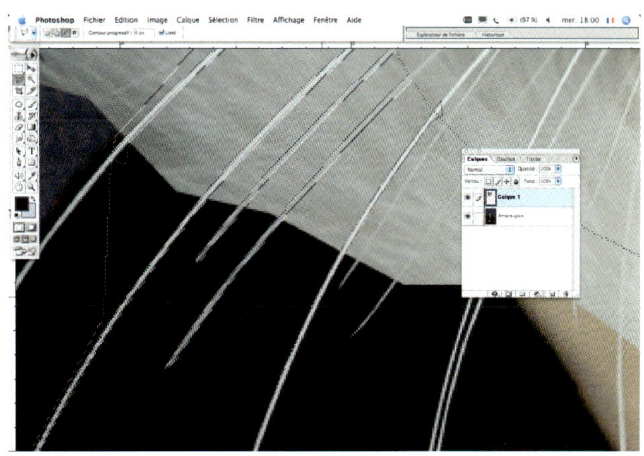

6 Faites réapparaître le calque du chat et, tout en appuyant sur la touche Alt, ôtez de la sélection les moustaches et le bas de la tête avec le lasso. Puis sur le calque du chat, supprimez la sélection via le menu Édition>Effacer.

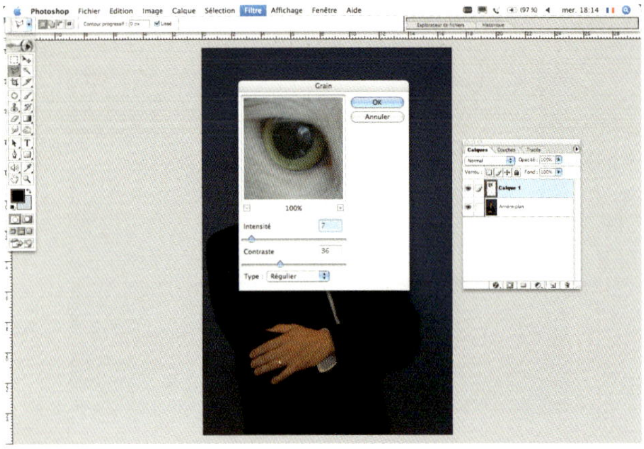

7 Via le menu Filtre>Texture, appliquez le filtre Grain avec les paramètres suivants : Intensité 7, Contraste 36 et Type Régulier, afin de donner à la tête du chat la même texture que celle du personnage.

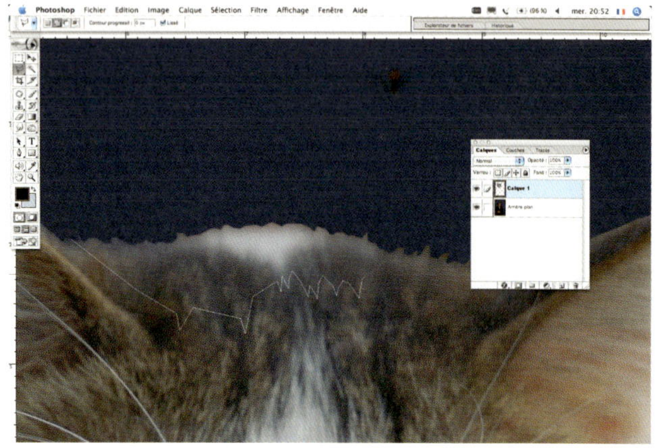

8 Au moyen de l'outil Lasso polygonal, détourez les côtés de la tête du chat, ainsi que son cou (avec les moustaches).

9 Assignez à cette sélection un contour progressif de 15 pixels.

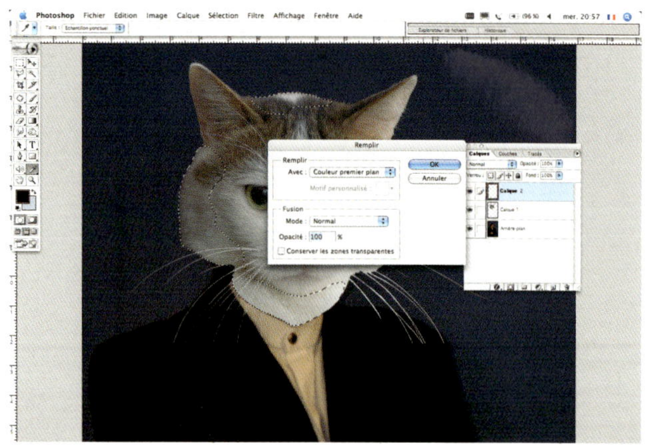

10 Créez un nouveau calque. Via la fonction Remplir du menu Édition, remplissez la sélection de noir en cochant la case Conserver les zones transparentes. Placez le calque en mode Produit avec une opacité de 40 %.

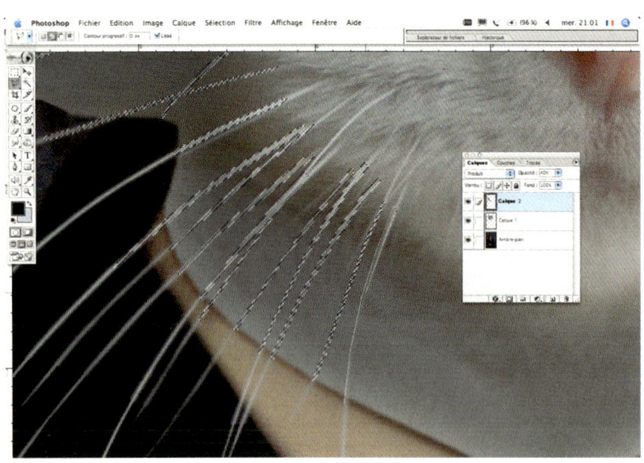

11 Sur ce nouveau calque, sélectionnez les moustaches chevauchant la zone d'ombre à l'aide de l'outil Lasso polygonal. Effacez cette sélection du calque d'ombre via le menu Édition>Effacer.

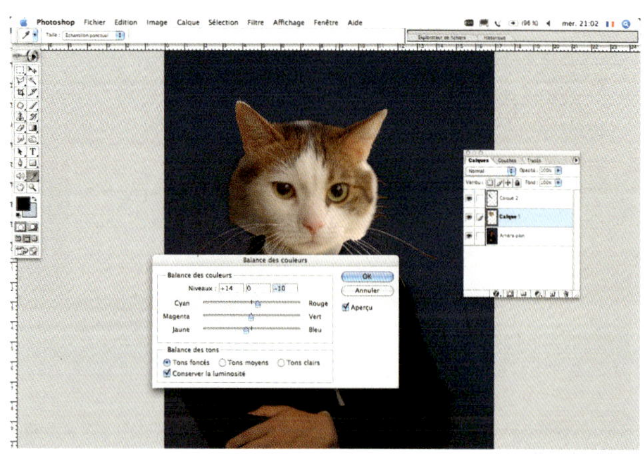

12 Retournez sur le calque de la tête du chat (Calque 1) et renforcez les rouges et les jaunes dans les tons foncés, moyens et clairs grâce à la fonction Balance des couleurs du menu Image>Réglages.

13 Cliquez sur l'onglet Calques et dans le menu déroulant qui s'ouvre, sélectionnez Dupliquer le calque pour dupliquer le calque de la tête de chat. Faites passer ce nouveau calque sous l'original et réglez-le à 70 % d'opacité.

14 Allez dans le menu Édition>Remplir, cochez la case Conserver les zones transparentes et remplissez ce nouveau calque de noir. Utilisez ensuite l'outil Déplacement pour décaler légèrement ce nouvel élément noir vers le bas et à droite.

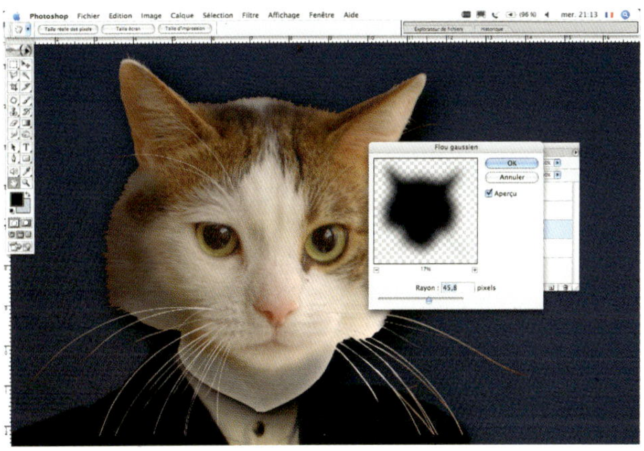

15 Dans le menu Filtre>Atténuation, sélectionnez le filtre Flou gaussien avec un rayon de 45,8 pixels.

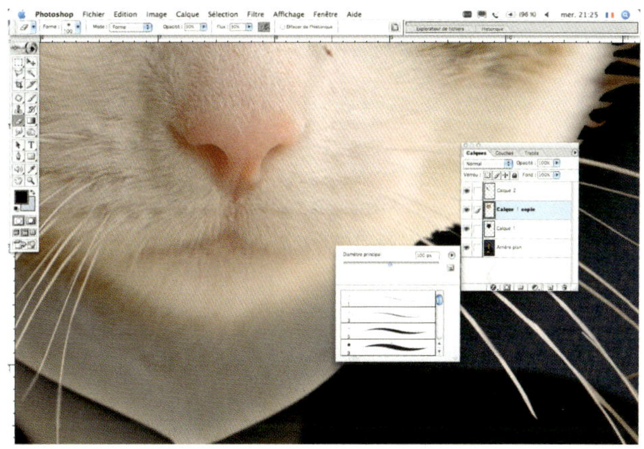

16 Utilisez l'outil Gomme en mode Normal (Diamètre : 100 pixels ; Opacité et Flux : 30 % ; case Aérographe cochée) pour atténuer le contour de la tête du chat. Cette opération sera plus ou moins longue selon le degré de précision recherché.

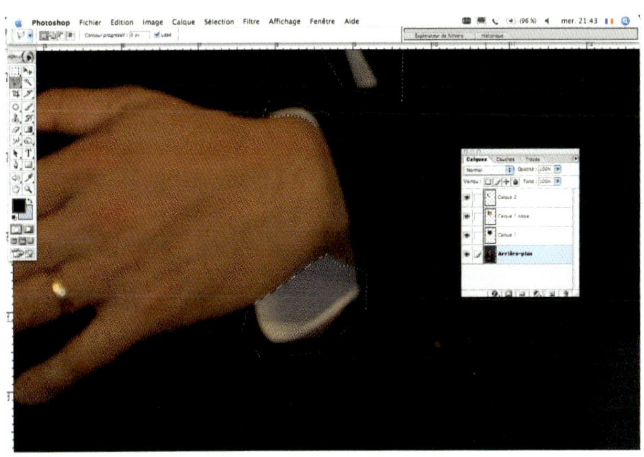

17 Replacez-vous ensuite sur le calque d'arrière-plan. Avec l'outil Lasso polygonal, sélectionnez les zones de la chemise et des manches dépassant de la veste.

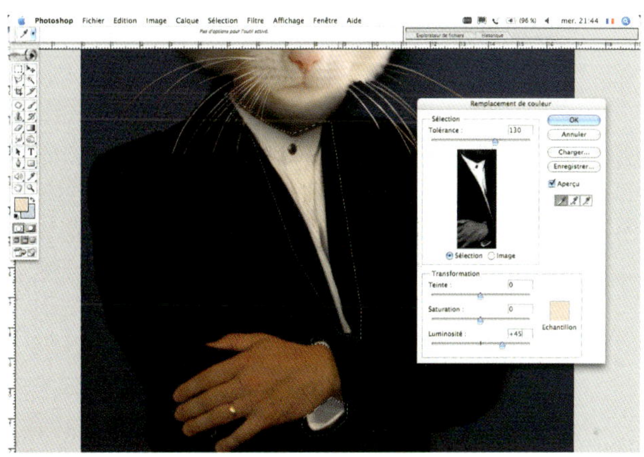

18 Dans le menu Image>Réglages>Remplacement de couleur, fixez la tolérance à 130, sélectionnez un pixel orange clair de la chemise, et passez la luminosité à +45.

Créer un effet de nuit américaine

Difficile

Réalisation : 30 min

Outils utilisés :
Calque de réglage
Teinte/Saturation
Pinceau
Options de calque
Sélection

Le terme de nuit américaine est utilisé au cinéma pour décrire un effet de nuit tourné en plein jour et présentant une forte dominante bleutée. Pour que cet effet soit encore plus intense, les opérateurs de cinéma s'arrangent pour qu'une partie du décor soit éclairée par une lumière à tendance chaude : cette lumière, vers laquelle le regard converge naturellement, renforce l'illusion de nuit.

Avec Photoshop, on peut reproduire une nuit américaine en utilisant les options de fusion des calques de réglage. L'option de fusion Produit simulera la tombée de la nuit et l'option Couleur permettra de bleuir la scène. L'image initiale doit comporter une lumière chaude (comme ici la vitrine d'un salon de thé), sinon le résultat se limiterait à un bleuissement de l'image sans grand intérêt.

Bernard Richebé

Fichier initial : imagedepart23.jpg
Fichier final : imagearrivee23.jpg

1 Ouvrez la palette des calques, cliquez sur l'icône située en bas pour créer un calque de remplissage et sélectionnez l'option Luminosité/Contraste dans le menu déroulant.

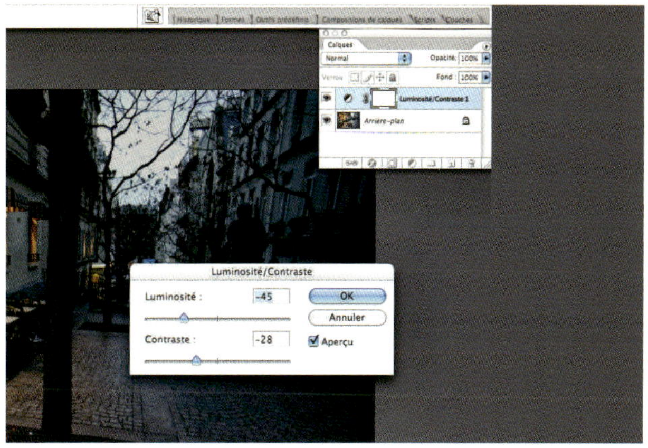

2 Réglez la luminosité à –45 et le contraste à –28 puis cliquez sur OK.

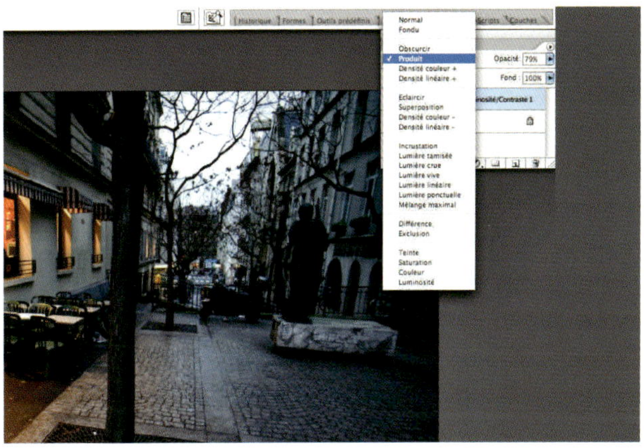

3 Réglez l'opacité de ce nouveau calque de réglage à 79 %. Choisissez ensuite Produit comme option de fusion, ce qui obscurcit encore davantage l'image.

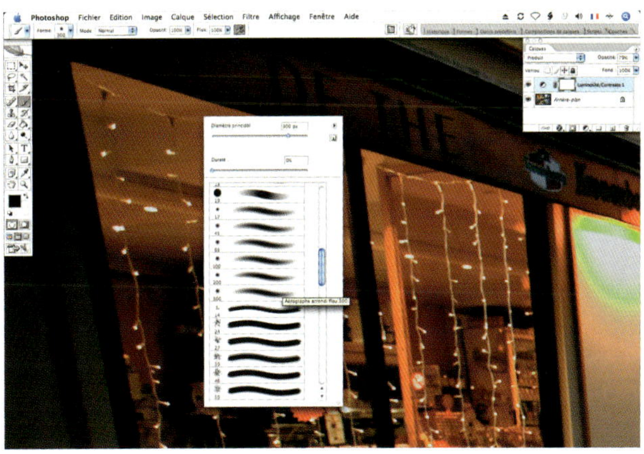

4 La vignette du masque de fusion est blanche, ce qui signifie que l'effet du calque est visible sur l'image entière. Choisissez l'outil Pinceau et une taille de brosse de 300 pixels avec un arrondi flou.

Notre suggestion

Dans la palette des calques, les icônes situées à gauche des vignettes des calques permettent d'indiquer sur quoi on travaille. Ainsi, lorsqu'on ajoute un masque de fusion à un calque, une icône apparaît, figurant un rectangle blanc ou noir. De même, la vignette d'un calque de réglage est toujours accompagnée d'une icône propre à ce calque (Niveaux, Luminosité/Contraste, etc.). Un double-clic sur cette icône permet de revenir à la boîte de dialogue du calque de réglage.

5 La couleur de premier plan étant noire, brossez avec le pinceau l'intérieur de la vitrine. Déplacez-vous dans l'image agrandie à 100 % en appuyant sur la barre d'espace. Procédez de même pour la partie droite de la vitrine avec une brosse de 65 pixels.

Notre suggestion

Utiliser un calque de réglage et son masque de fusion permet d'effectuer des retouches ponctuelles au moyen de n'importe quel outil créatif, mais également de revenir en arrière en peignant en noir pour annuler l'effet ou en blanc pour le révéler. Notez que la vignette du masque offre une vue réduite de la peinture que vous lui appliquez.

6 Aidez-vous de la touche X pour passer du blanc au noir, fonction très utile pour peaufiner les coups de pinceau.

7 L'image offre désormais un caractère assez sombre, alors que la vitrine est lumineuse et de tonalités chaudes.

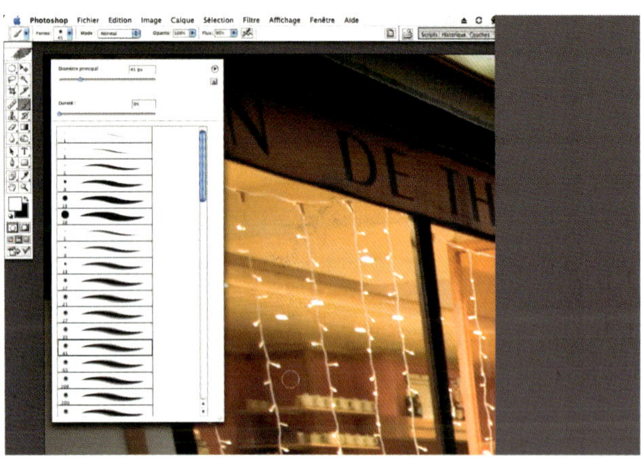

8 En cliquant droit dans l'image (ou Ctrl + clic sur Mac), choisissez une brosse de 45 pixels et de dureté 0 %.

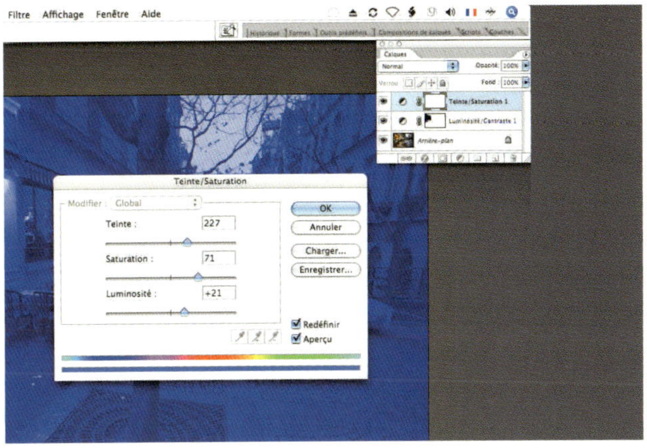

9 Comme à l'étape 1, cliquez sur l'icône Créer un nouveau calque de remplissage, puis sélectionnez l'option Teinte/Saturation et réglez les paramètres comme indiqué ou selon vos souhaits.

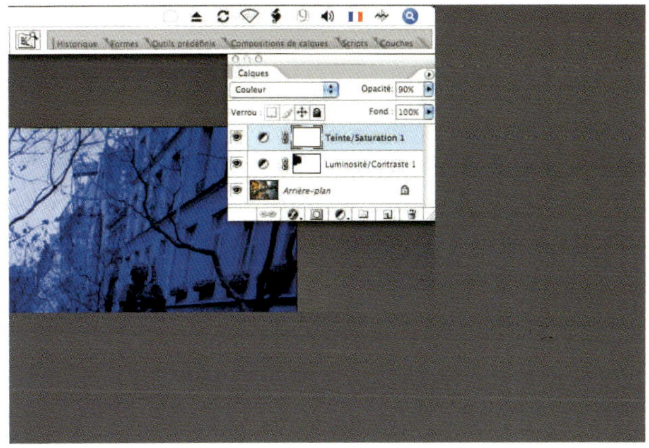

10 Choisissez Couleur comme option de fusion dans le menu déroulant et réglez l'opacité sur 90 %.

11 Comme précédemment, retouchez la vitrine au moyen du pinceau avec la couleur noire en premier plan. N'oubliez pas de traiter toutes les raies lumineuses sur la façade pour donner encore davantage de crédibilité à l'effet.

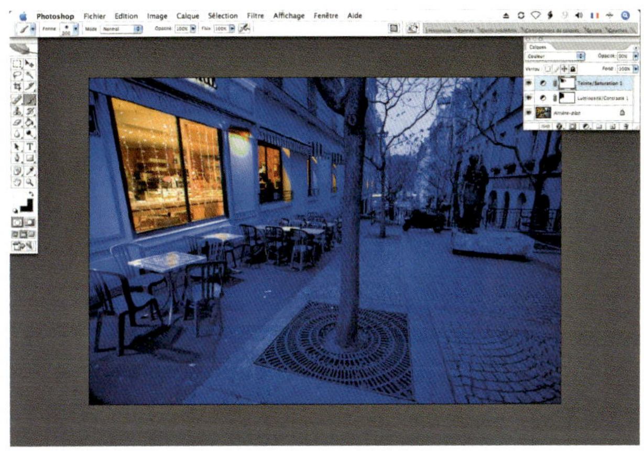

12 Une fois les retouches sur la vitrine et les tables terminées, on s'aperçoit que le fondu entre les lumières chaudes et froides est un peu trop net. Si ce n'est déjà fait, sauvegardez votre image en effectuant une copie.

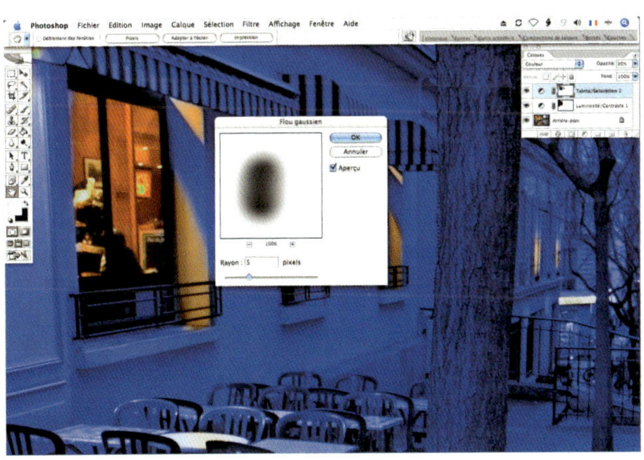

13 Allez dans le menu Filtre>Atténuation>Flou gaussien et choisissez un rayon de 5 pixels pour appliquer aux contours du masque de fusion un flou progressif, créant ainsi une transition plus subtile.

Notre suggestion

Les masques de fusion peuvent être retouchés avec tous les outils appropriés de la palette d'outils (tampon, correcteur...), mais vous pouvez également leur appliquer des filtres, ce qui multiplie à l'infini les possibilités de retouches. Les filtres de flou sont souvent indispensables pour affiner les coups de brosses sur les masques, et permettre ainsi une plus grande finesse dans les retouches.

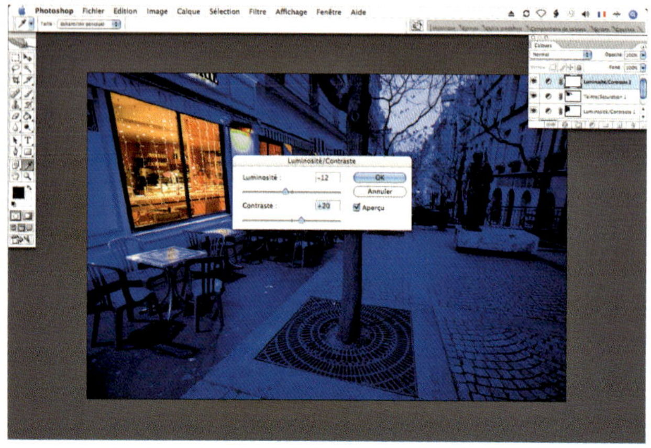

14 Créez un nouveau calque de réglage Luminosité/Contraste et réglez la luminosité à –12 et le contraste à +20.

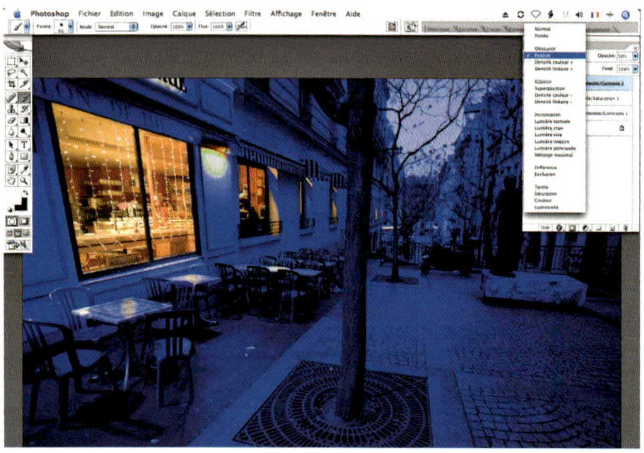

15 Réglez ensuite l'option de fusion sur Produit et l'opacité à 50 %.

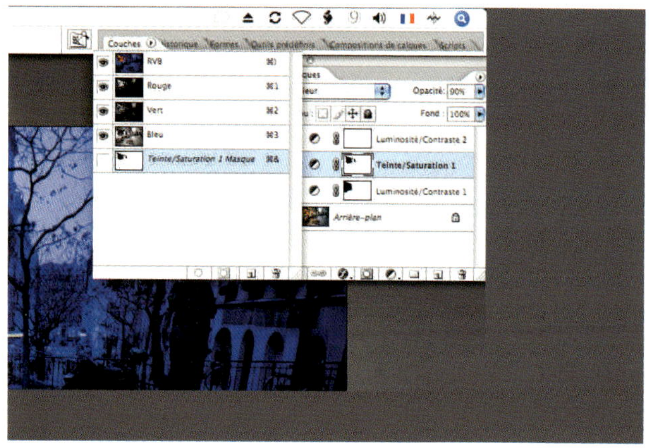

16 Cliquez à présent sur le calque Teinte/Saturation 1 pour le sélectionner. Allez dans la fenêtre Couches et choisissez la couche Teinte/Saturation 1 Masque, ce qui permet de sélectionner le masque créé en brossant avec le pinceau.

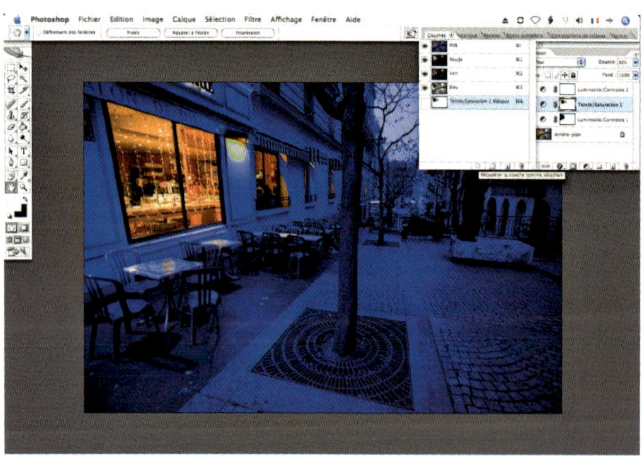

17 Cliquez sur l'icône Récupérer la couche comme sélection située en bas de la fenêtre Couches. Une sélection est automatiquement créée à partir du masque, ce qui permet d'économiser du temps sur la retouche de la vitrine.

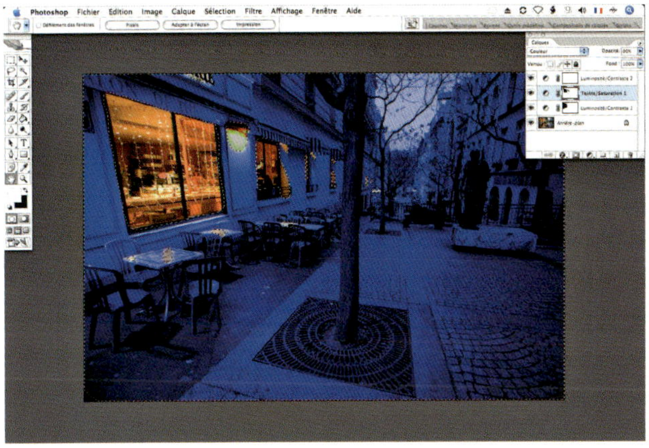

18 La sélection apparaît sur l'image, symbolisée par des pointillés. Les coups de brosse donnés pour la retouche de la vitrine ont servi à créer automatiquement cette sélection, tout en tenant compte du flou gaussien appliqué sur le masque.

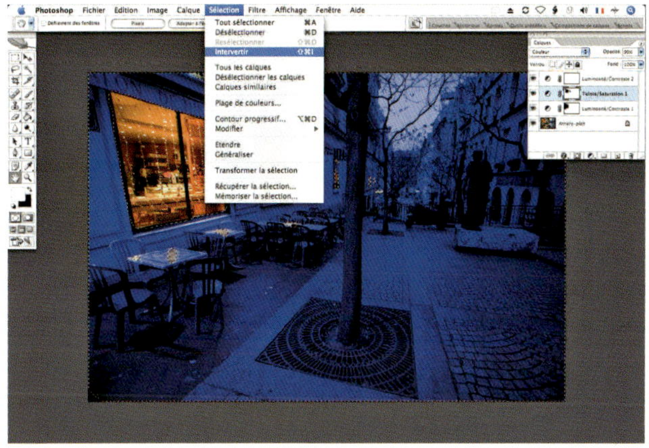

19 Cette sélection ayant été obtenue en brossant la vitrine, il va falloir l'intervertir pour la retouche suivante. Pour cela, allez dans le menu Sélection>Intervertir. La sélection change de sens et protège à présent la vitrine.

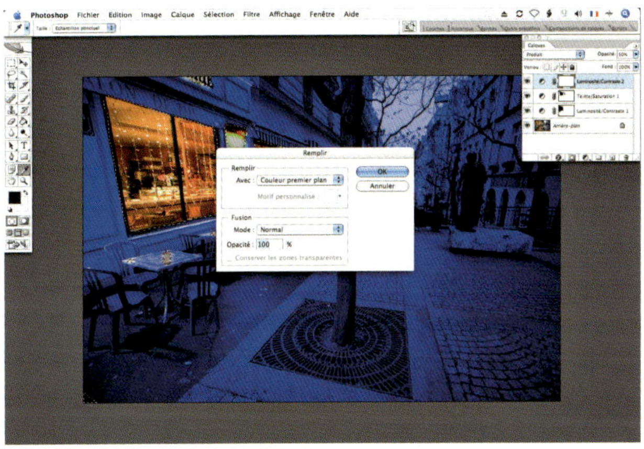

20 Sélectionnez le calque Luminosité/Contraste 2 puisque c'est sur ce calque que vous allez utiliser la sélection précédente. Le noir étant au premier plan, allez dans le menu Édition> Remplir>Avec couleur de premier plan, puis cliquez sur OK.

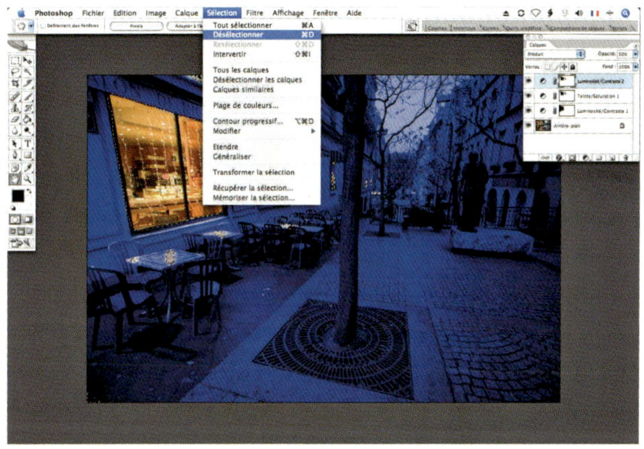

21 La vitrine redevient plus claire, sans qu'il soit nécessaire de peindre avec la brosse. Allez dans le menu Sélection> Désélectionner : le contour en pointillés disparaît. De la même façon, vous pourrez sélectionner la vitrine pour d'autres retouches.

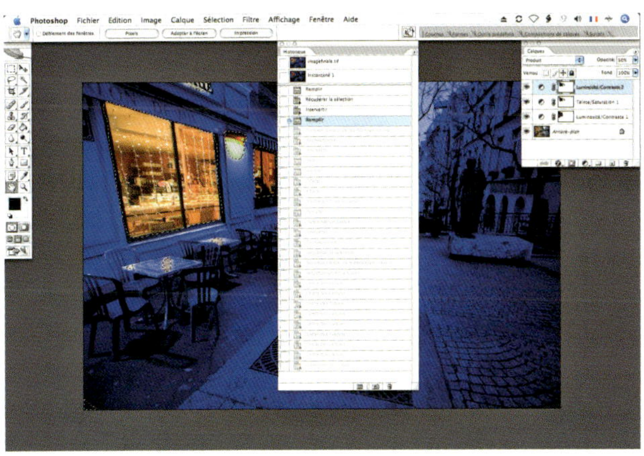

22 À noter que l'Historique du menu Fenêtre vous permet de revenir à tout moment sur une étape de vos retouches. Mais attention, cette fonctionnalité devient inaccessible dès que l'on ferme le fichier de l'image, même si on le rouvre ensuite...

Appliquer un tatouage

Difficile

Réalisation : 45 min

Outils utilisés :

- Lasso polygonal
- Transformation manuelle
- Ellipse de sélection
- Filtre Sphérisation
- Filtre Contraction

Dans cet atelier, vous allez apprendre comment appliquer un tatouage de manière parfaitement indolore ! En effet, rien de plus facile avec Photoshop et ses filtres de déformation Sphérisation et Contraction. Compte tenu ici du caractère abstrait du tatouage, la déformation pourra être réalisée de façon relativement aléatoire, puisqu'il n'y a pas de contraintes de proportions à respecter. La fusion du tatouage avec la peau sera réalisée grâce au mode de fusion entre calques et devra tenir compte de la matière de la peau et de la netteté de la prise de vue.

Le tatouage d'origine a été dessiné sous Illustrator. Le fichier a été enregistré au format EPS, ce qui permettra de l'importer sous Photoshop et de conserver les transparences.

Tai-Marc Le Thanh

Fichier initial : imagedepart24_1.jpg
imagedepart24_2.eps
Fichier final : imagearrivee24.jpg

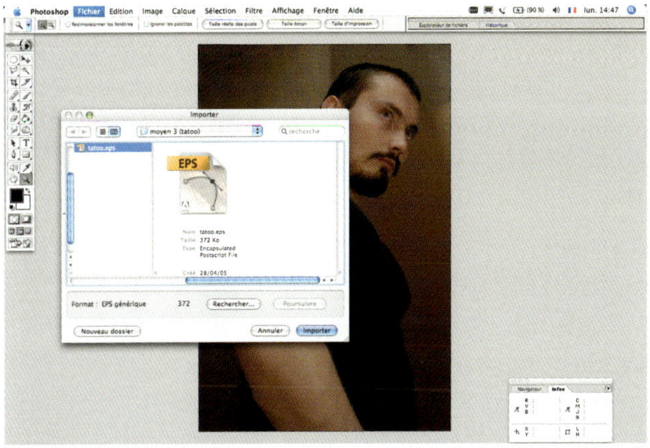

1 Ouvrez l'image du personnage, puis celle du tatouage en allant dans le menu Fichier>Importer. Sélectionnez le fichier EPS souhaité et cliquez sur le bouton Importer.

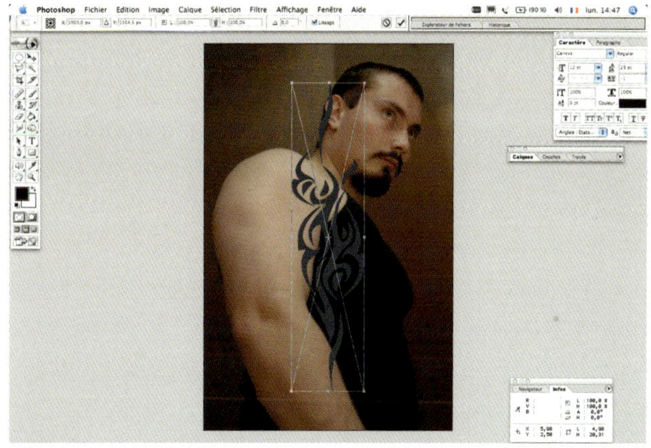

2 Un nouveau calque se crée automatiquement et l'image du tatouage apparaît dans un cadre. Terminez l'importation en appuyant sur la touche Entrée.

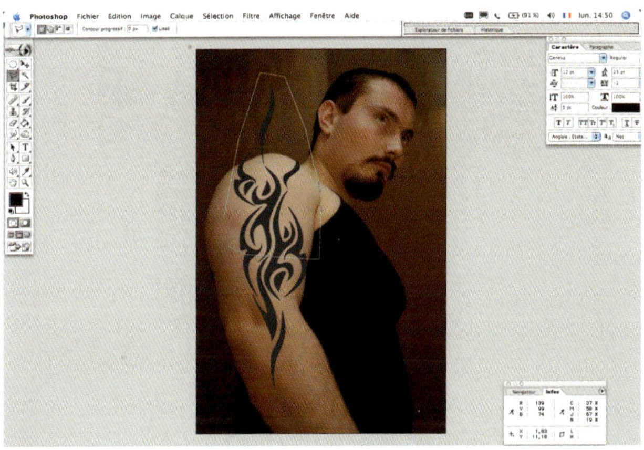

3 Avec le lasso polygonal, sélectionnez le haut du tatouage. En maintenant la touche Ctrl (sur Mac) enfoncée, glissez cette sélection au niveau du cou. Procédez de même pour positionner le bas du tatouage au niveau du bras.

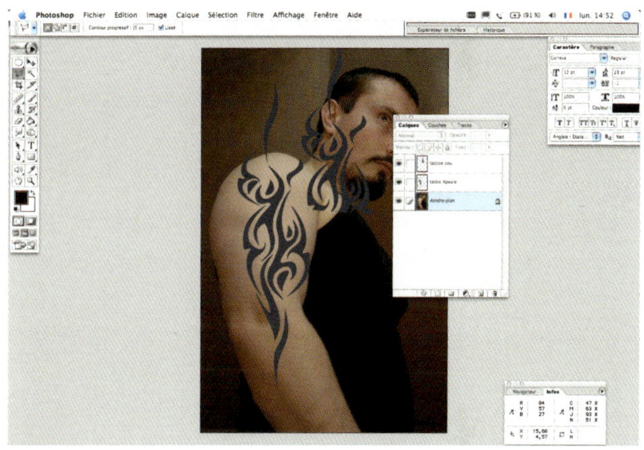

4 Avec le lasso, sélectionnez à nouveau le haut du tatouage. Copiez-le et collez-le. Un nouveau calque se crée automatiquement. Renommez les calques comme indiqué en double-cliquant sur leurs noms dans la palette des calques.

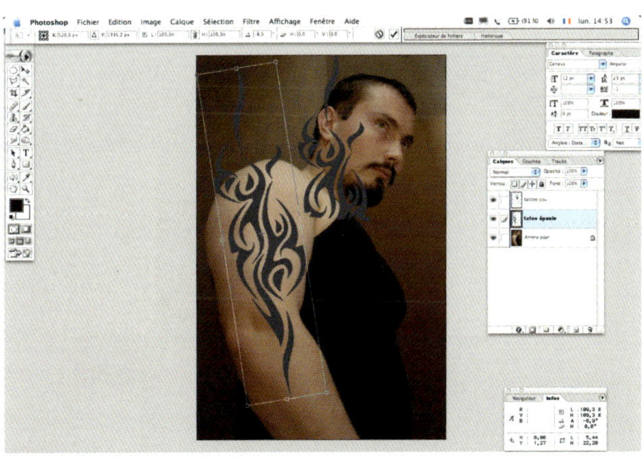

5 Sur le calque Tatoo épaule, utilisez la fonction Transformation manuelle du menu Édition pour que le tatouage et le bras aient la même inclinaison. Faites pivoter le tatouage et augmentez légèrement sa taille.

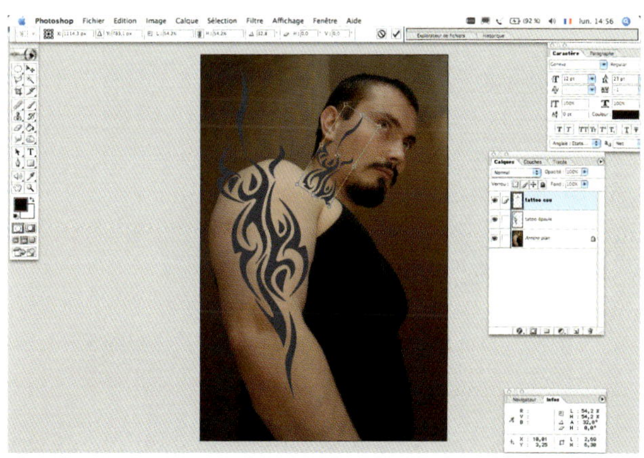

6 Procédez de même pour le tatouage du cou et réduisez sa taille.

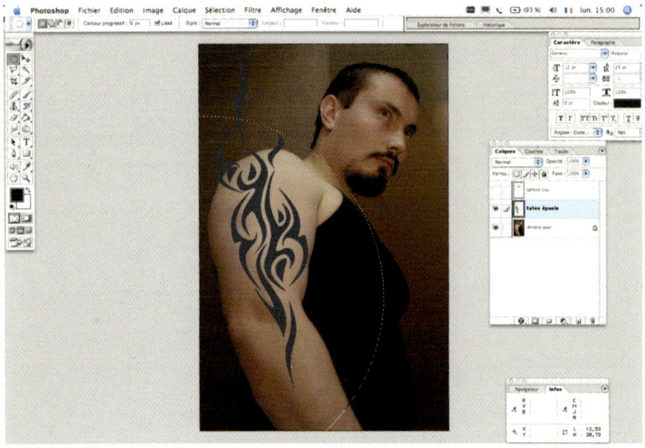

7 Sur le calque Tatoo épaule, utilisez l'outil Ellipse de sélection, en maintenant la touche Maj enfoncée, pour tracer un cercle épousant la forme de l'épaule. Repositionnez éventuellement le cercle avec la souris.

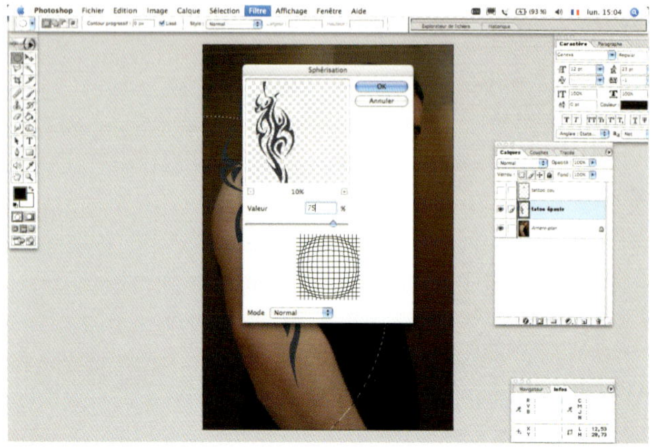

8 Appliquez sur le calque du tatouage de l'épaule le filtre Sphérisation, accessible depuis le menu Filtre>Déformation>Sphérisation, avec une valeur de 75 % en mode Normal.

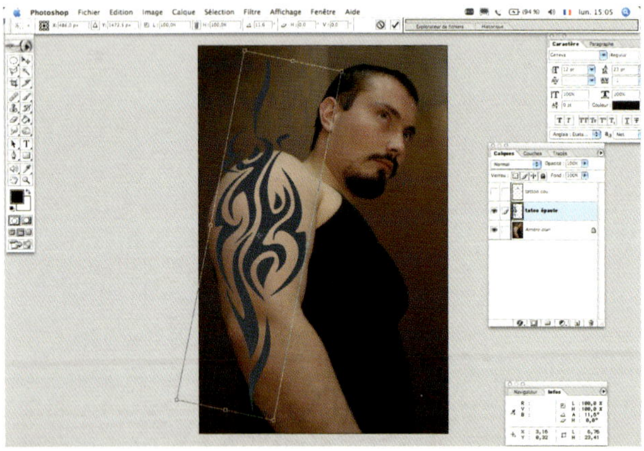

9 Avec l'outil Déplacement de la palette d'outils, repositionnez correctement le tatouage sur l'épaule. Vous pouvez aussi utiliser la fonction Transformation manuelle pour le faire pivoter, et éventuellement le réduire ou l'agrandir.

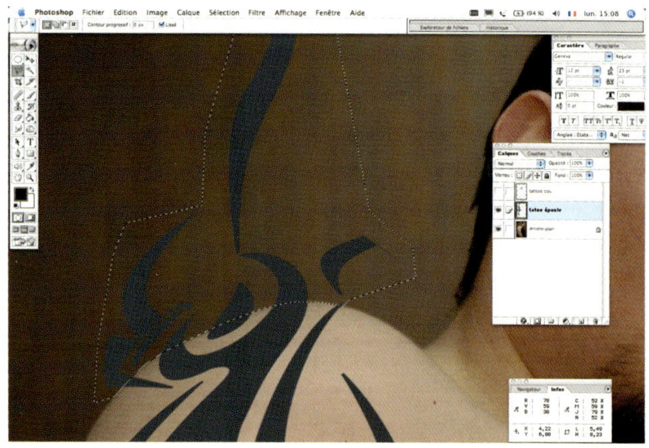

10 Avec l'outil Lasso polygonal, sélectionnez les parties du tatouage ne figurant pas sur le bras et supprimez-les via le menu Édition>Effacer.

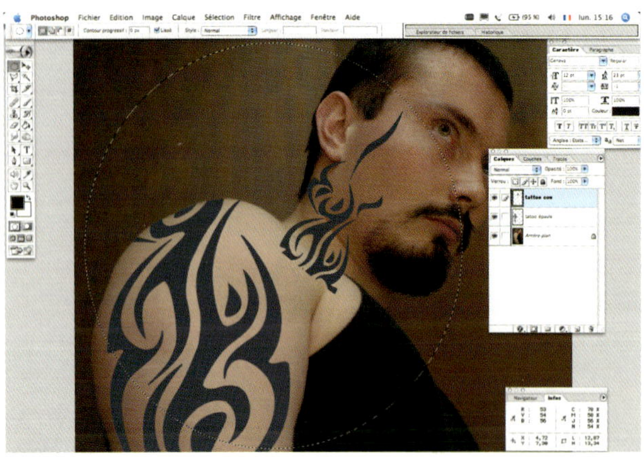

11 Placez vous sur le calque Tatoo cou. Tracez un nouveau cercle de manière à ce que le tatouage se situe dans le quart supérieur droit.

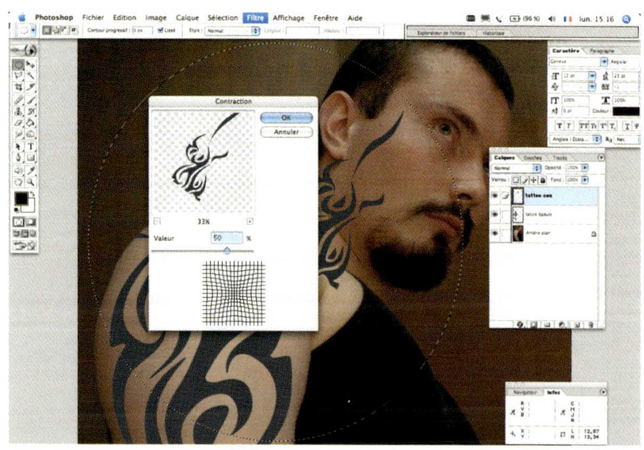

12 Appliquez sur le calque du tatouage du cou le filtre Contraction, accessible depuis le menu Filtre>Déformation>Contraction, avec une valeur de 50 %.

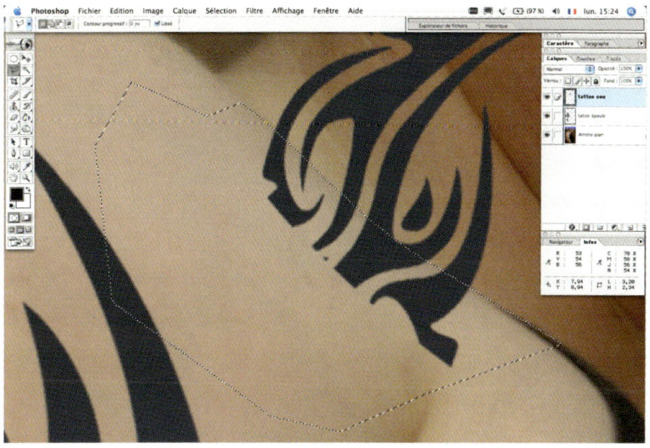

13 Avec l'outil Lasso polygonal, sélectionnez les parties du tatouage ne figurant pas sur le cou et supprimez-les comme dans l'étape 10.

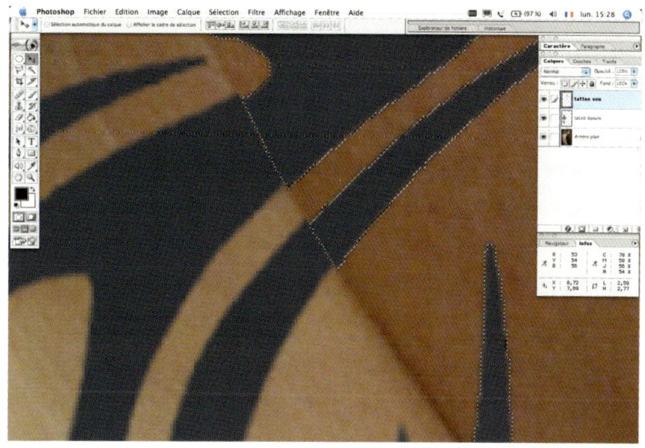

14 Pour les plis du cou, sélectionnez au lasso polygonal les zones au-dessus du pli et décalez-les légèrement avec l'outil Déplacement pour donner l'impression que le tatouage suit le pli.

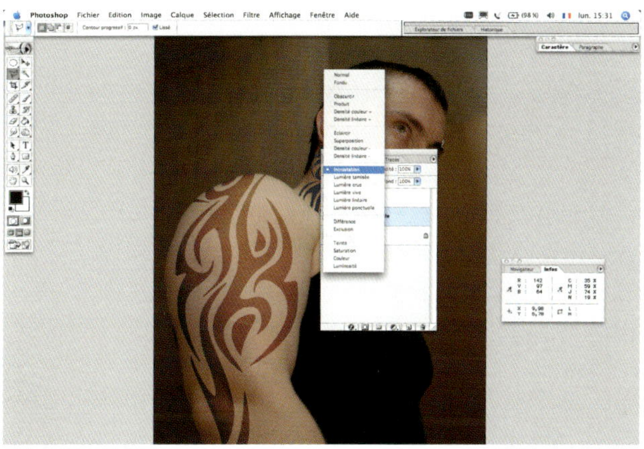

15 Placez le calque du tatouage de l'épaule en mode Incrustation grâce au menu déroulant de la palette des calques.

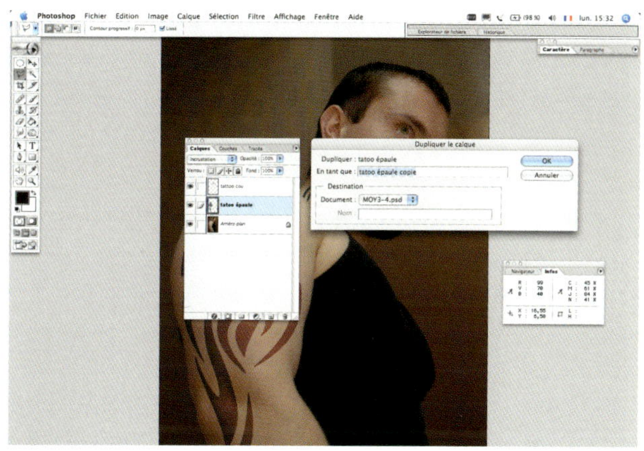

16 Le tatouage de l'épaule paraît un peu fade. Dupliquez le calque correspondant grâce au menu déroulant de la palette des calques et réglez son opacité à 70 %.

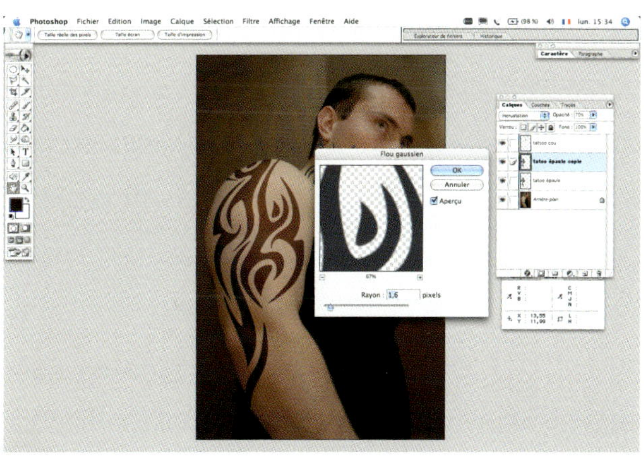

17 Appliquez au calque Tatoo épaule et à sa copie un flou gaussien de 1,6 pixels via le menu Filtre>Atténuation> Flou gaussien.

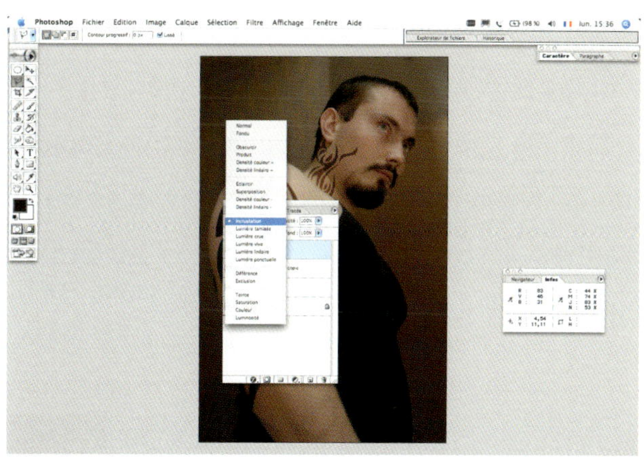

18 Répétez les étapes 15 et 17 pour le calque Tatoo cou et réglez son opacité à 90 %. Le calque Tatoo cou étant plus en arrière-plan, il ne nécessite pas d'être aussi net.

Ajouter un piercing

Difficile

Réalisation : 45 min

Outils utilisés :
Ellipse de sélection
Pinceau
Déplacement
Règles

Après avoir appliqué un tatouage au personnage de l'atelier précédent, pourquoi ne pas parfaire son look en lui posant un piercing ? Ici, le modèle choisi est un anneau, forme géométrique très simple, mais libre à vous d'en créer d'autres, le principe de réalisation restant le même.

Fichier initial : imagedepart25.jpg
Fichier final : imagearrivee25.jpg

Dans un premier temps, vous devrez déformer cet anneau de manière à ce qu'il soit bien positionné sur le nez. Les étapes suivantes concerneront la gestion des ombres, ce qui nécessitera au préalable une observation minutieuse de l'environnement lumineux de l'image principale. Vous créerez ici ces ombres à l'aide du pinceau, mais notez que vous pourriez également employer un calque de réglage Ombre portée.

Tai-Marc Le Thanh

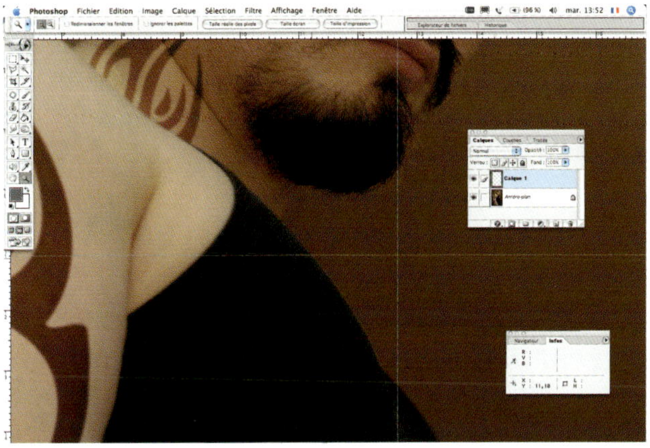

1 Affichez les règles via le menu Affichage>Règles. En cliquant dans les marges blanches graduées, tirez une règle verticale et une règle horizontale. Puis créez un nouveau calque nommé Calque 1.

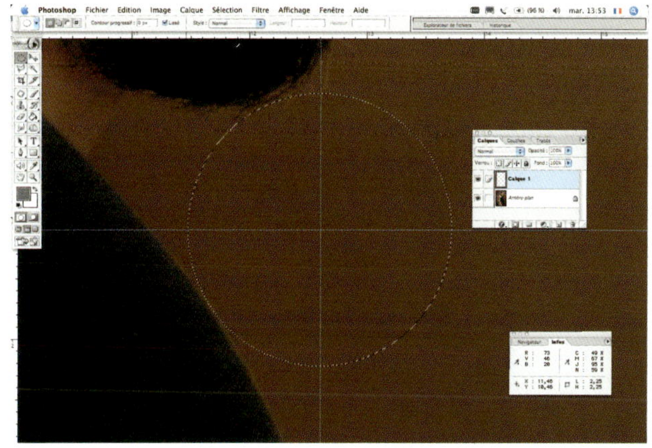

2 Avec l'outil Ellipse de sélection, cliquez à l'intersection des deux règles, et tout en maintenant les touches Alt + Maj enfoncées, écartez la souris du centre pour tracer un cercle. Relâchez le bouton de la souris, puis les touches Alt + Maj.

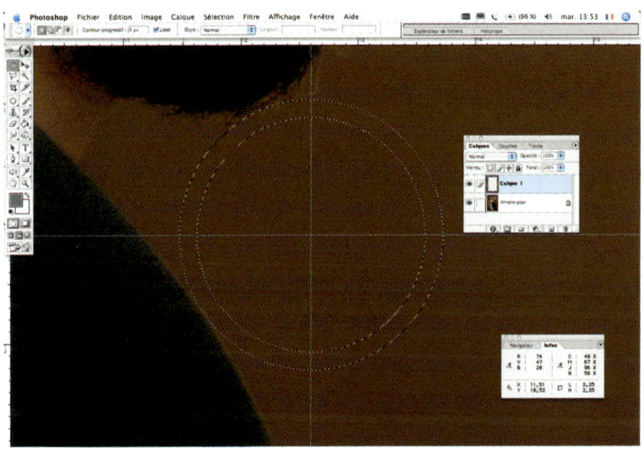

3 Revenu au centre, appuyez sur la touche Alt et cliquez. Relâchez la touche Alt et étirez l'ellipse sur le côté. Sans relâcher le bouton de la souris, appuyez sur les touches Alt + Maj et étirez cette ellipse devenue cercle : vous avez votre anneau.

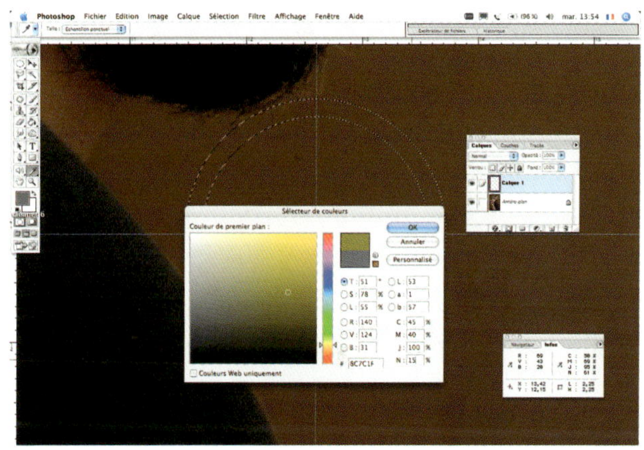

4 Cliquez sur l'outil Définir la couleur de premier plan. Dans le sélecteur de couleurs, choisissez un jaune foncé comme indiqué et remplissez l'anneau de cette couleur via le menu Édition> Remplir, en décochant la case conserver les zones transparentes.

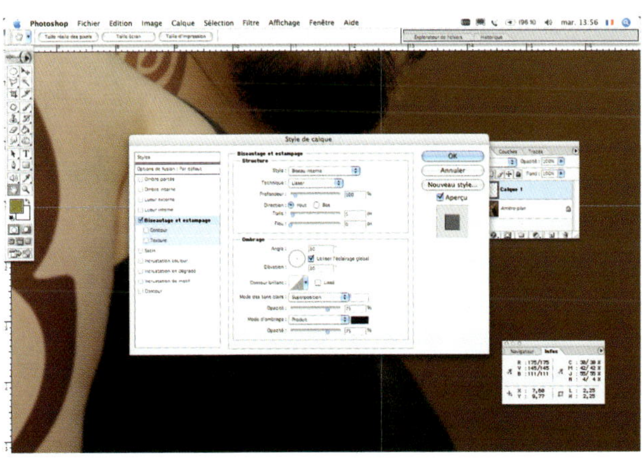

5 Via le menu déroulant situé en bas de la palette des calques, appliquez au calque de l'anneau un style de calque Biseautage et estompage en renseignant les champs comme indiqué. Ce calque donnera du volume à l'anneau.

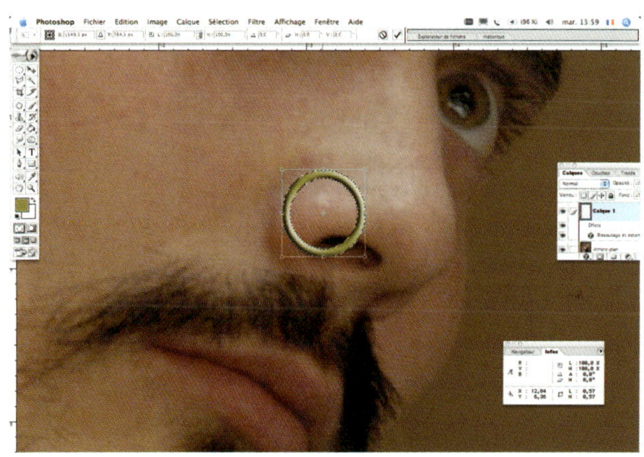

6 Avec l'outil Déplacement de la palette d'outils, placez l'anneau au niveau du nez. Si nécessaire, réduisez-le à la bonne échelle avec l'outil Transformation manuelle du menu Édition.

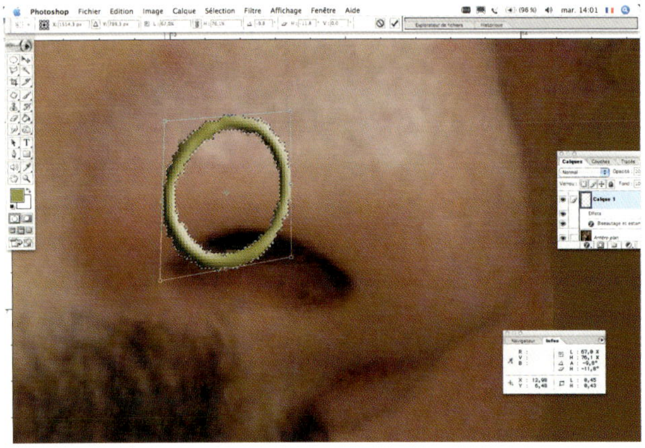

7 Utilisez l'outil Transformation manuelle pour déformer l'anneau. Pour cela, déplacez les poignées d'angle tout en maintenant la touche Ctrl (sur Mac) enfoncée. Vous donnerez ainsi de la perspective à l'anneau.

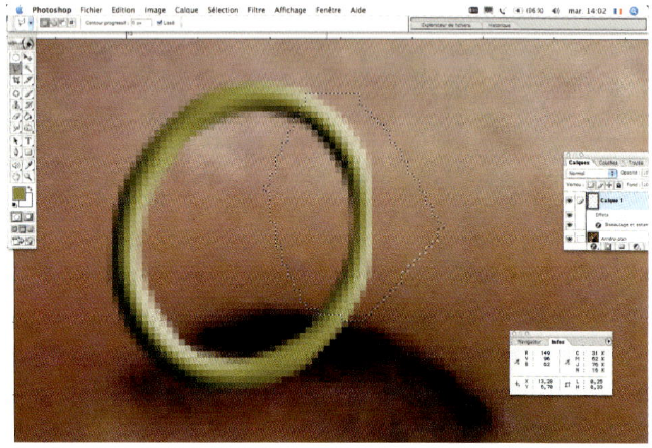

8 Avec l'outil Lasso polygonal, sélectionnez la zone de l'anneau qui doit être masquée par la narine.

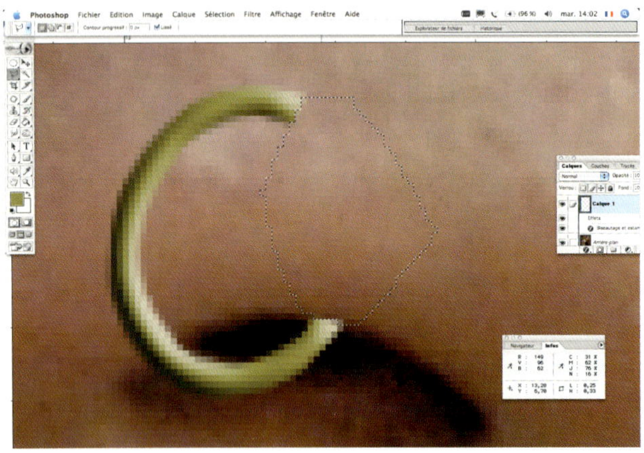

9 Supprimez cette zone via le menu Édition>Effacer.

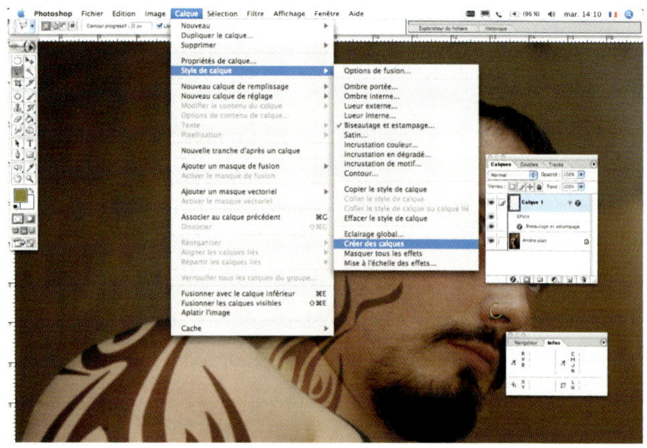

10 Allez dans le menu Calque>Style de calque>Créer des calques. Cette manipulation scindera le calque de l'anneau et son style de calque associé en deux calques distincts.

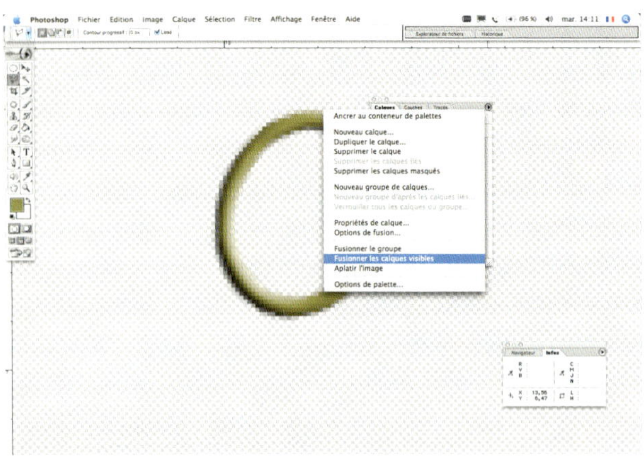

11 Pour afficher uniquement ces deux calques, masquez tous les autres en cliquant sur les icônes correspondantes en forme d'œil. Fusionnez les deux calques via la fonction Fusionner les calques visibles du menu déroulant de la palette des calques.

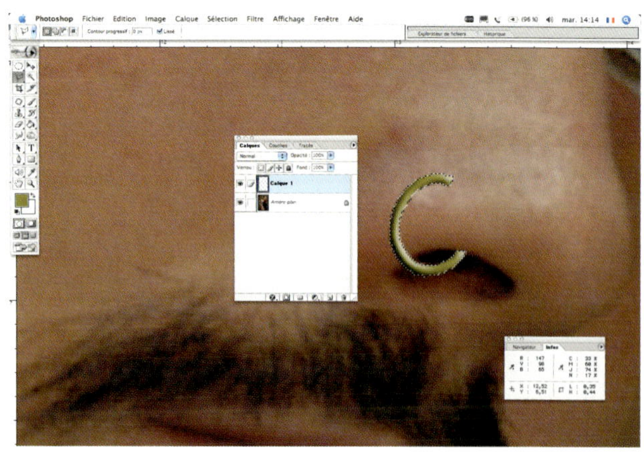

12 Cliquez sur le calque de l'anneau tout en maintenant la touche Ctrl (sur Mac) enfoncée pour sélectionner l'anneau.

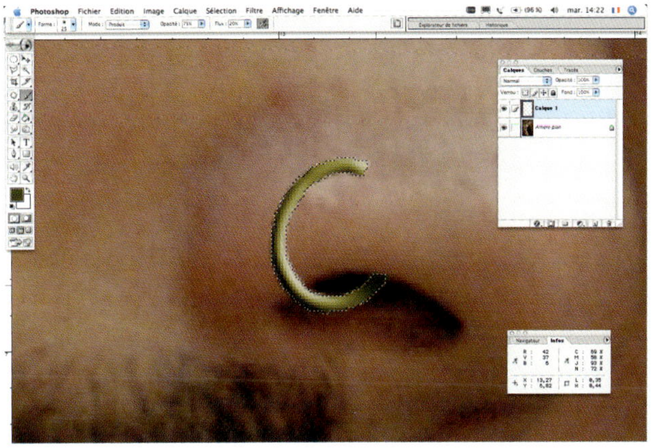

13 Choisissez un jaune très foncé dans le sélecteur de couleurs et activez l'outil Pinceau en renseignant les champs de la barre d'options comme indiqué. Donnez de légères touches pour ombrer la zone de l'anneau située sous la narine.

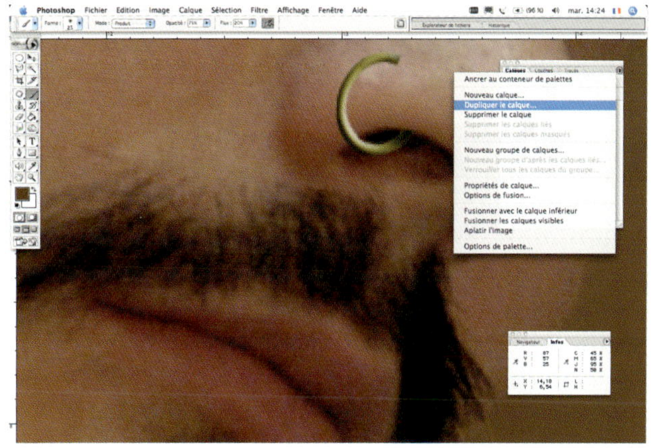

14 Dupliquez le calque de l'anneau via la commande Dupliquer le calque de la palette des calques.

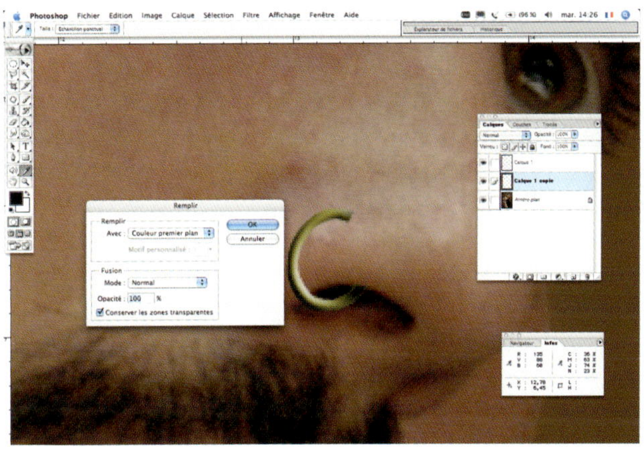

15 Placez ce calque sous le calque de l'anneau et remplissez-le de noir (noir que vous aurez sélectionné dans le Sélecteur de couleurs) via le menu Édition>Remplir, en cochant l'option Conserver les zones transparentes.

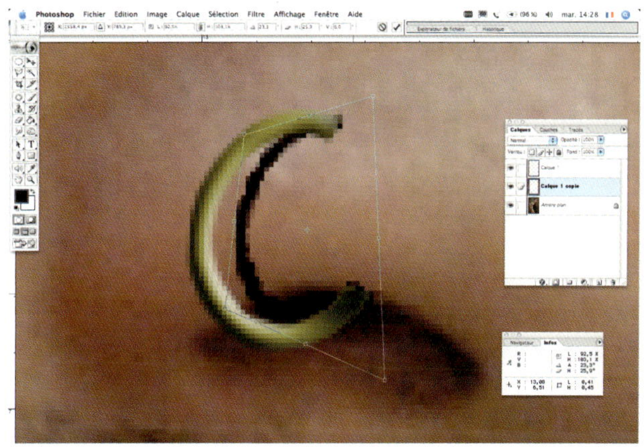

16 Grâce à l'outil Transformation manuelle, déformez l'anneau noir de façon à ce qu'il devienne une ombre plausible sous l'autre anneau.

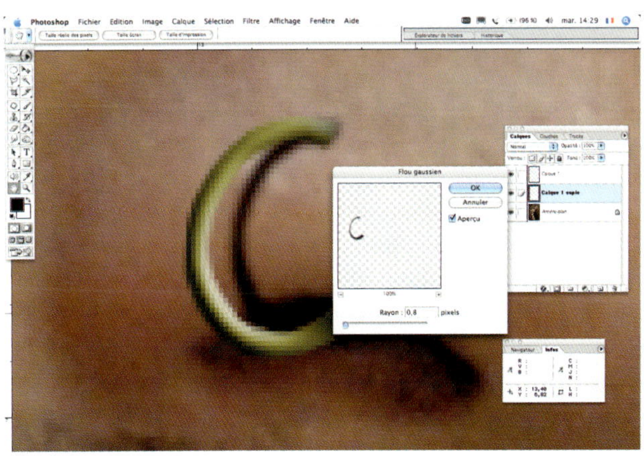

17 Appliquez à cette ombre un flou gaussien de 0,8 pixel en allant dans le menu Filtre>Atténuation>Flou gaussien. Placez ensuite le calque en mode Incrustation avec une opacité de 60 %.

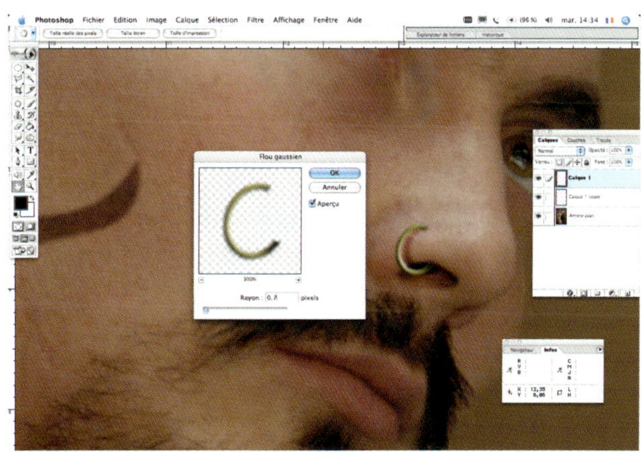

18 Appliquez enfin au calque de l'anneau un flou gaussien de 0,7 pixel.

Remplacer un ciel

Difficile

Réalisation : 30 min

Outils utilisés :
Calque de réglage
Couches
Sélection
Pinceau
Courbes

Remplacer sur une photo un ciel trop blanc par un beau ciel nuageux n'est pas forcément une chose aisée, surtout lorsque l'image comporte en arrière-plan une frange d'arbres... Mais grâce au potentiel de Photoshop, tout devient possible, pour peu que vous sachiez vous servir de la fenêtre des couches et de l'outil Courbes. En partant du principe qu'une image est composée de nuances et de contrastes, vous allez isoler la gamme de nuances correspondant au ciel blanc, et récupérer ainsi une sélection de ce ciel. Grâce à un masque de fusion, vous pourrez alors coller le ciel nuageux dans cette sélection, puis effectuer quelques retouches supplémentaires pour éclairer la photo sous un jour nouveau...

Bernard Richebé

Fichier initial : imagedepart26_1.jpg
imagedepart26_2.jpg
Fichier final : imagearrivee26.jpg

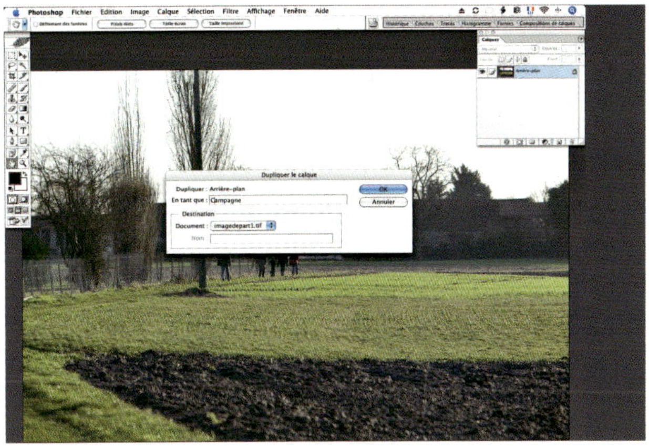

1 Ouvrez l'image 1. Affichez la palette des calques via le menu Fenêtre. Dupliquez le calque d'arrière-plan en le faisant glisser sur l'icône Créer un nouveau calque, tout en appuyant sur la touche Alt. Renommez-le Campagne.

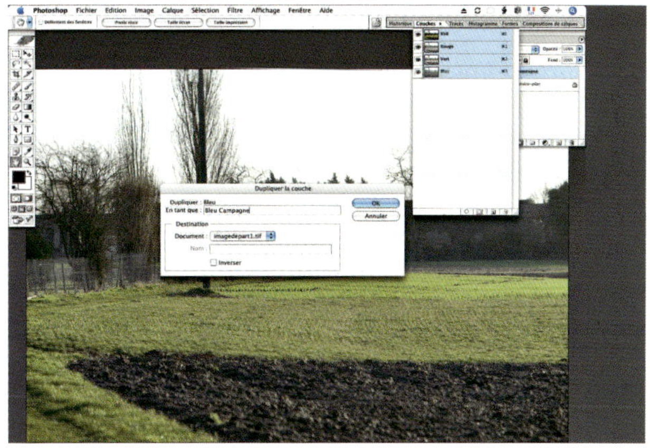

2 Allez dans le menu Fenêtre>Couches et sélectionnez la couche Bleu. Via le menu déroulant de cette fenêtre, dupliquez cette couche et nommez-la Bleu Campagne. Cette couche va vous permettre d'isoler les nuances du ciel.

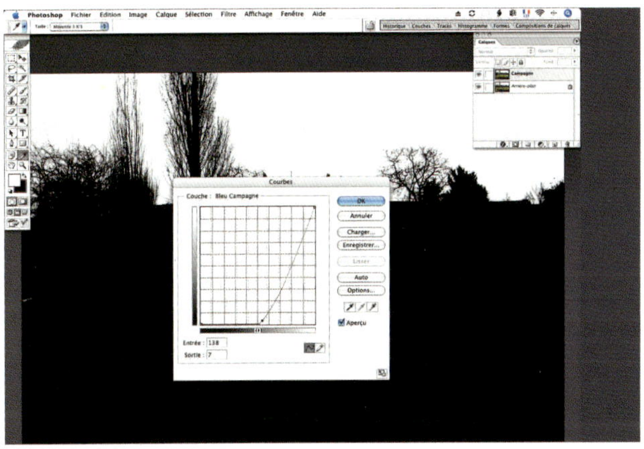

3 La couche Bleu Campagne et le calque Campagne étant sélectionnés, allez dans le menu Image>Réglages> Courbes et ajustez la courbe comme indiqué. Le contraste se renforce, ce qui va permettre d'isoler le ciel.

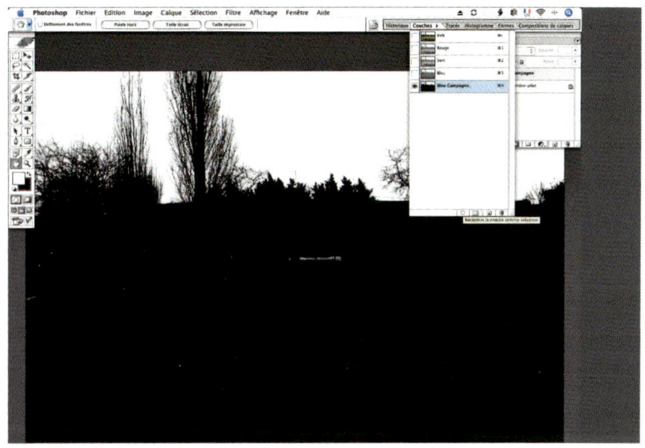

4 Sélectionnez la couche Bleu Campagne et cliquez sur l'icône Récupérer la couche comme sélection, située en bas de la fenêtre. Une sélection se crée à partir de cette couche : vous venez d'isoler le ciel.

5 Retournez dans la palette des calques et cliquez sur le calque Campagne. L'image réapparaît normalement, le ciel étant sélectionné. Vous pouvez maintenant agir sur le ciel, mais il est d'abord plus prudent de mémoriser cette sélection.

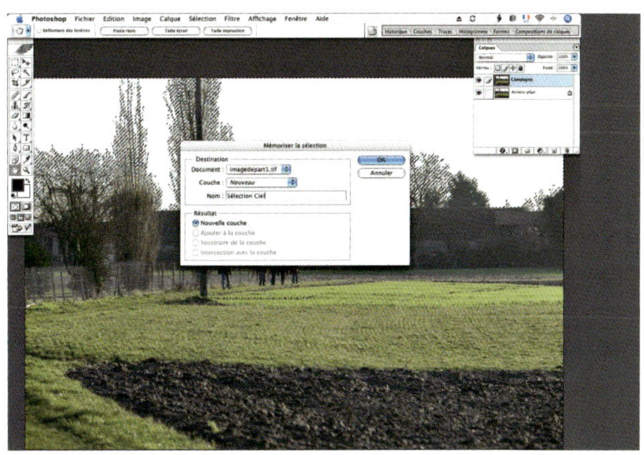

6 Via le menu Sélection>Mémoriser la sélection, mémorisez la sélection en la nommant Sélection Ciel : vous pourrez ainsi en disposer à tout moment.

7 L'image 1 étant toujours active, ouvrez l'image 2. Glissez le calque d'arrière-plan de l'image 2 sur l'image 1, tout en maintenant la touche Maj enfoncée pour que ce calque soit automatiquement centré sur l'image.

8 Un nouveau calque, nommé Calque 1, se crée. La sélection est active sur le ciel, et vous ne voyez presque plus la campagne.

9 Dans la palette des calques, sélectionnez le Calque 1 et cliquez sur l'icône Ajouter un masque de fusion, située en bas à gauche de cette palette. Une fois le masque créé, l'image 1 réapparaît, avec le ciel nuageux collé dans la sélection.

10 Sélectionnez de nouveau le calque Campagne. En bas de la palette des calques, cliquez sur l'icône Créer un nouveau calque de remplissage ou de réglage, puis sélectionnez l'option Teinte/Saturation.

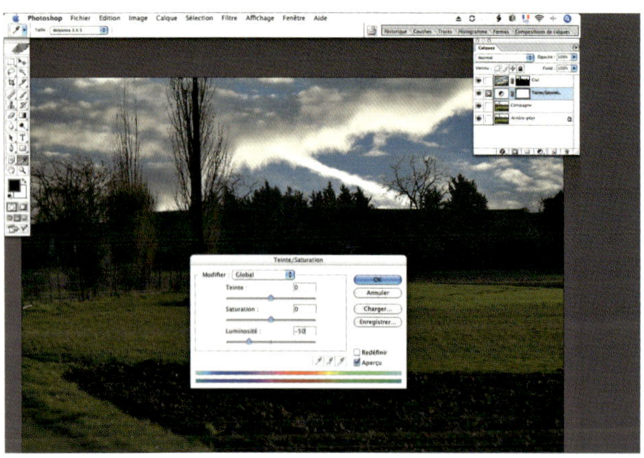

11 Gardez l'option Global et entrez comme valeur de luminosité –50. Cliquez sur OK : l'image s'assombrit. L'effet de contre-jour se trouve renforcé et les franges claires situées à l'extrémité des branches disparaissent.

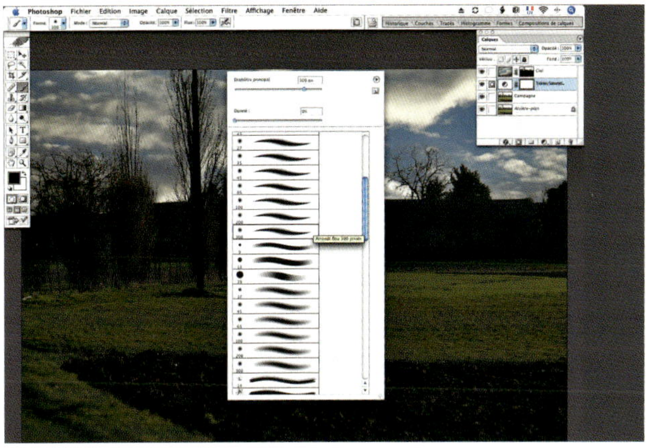

12 Appuyez sur la touche B du clavier pour activer le pinceau, puis pressez la touche D pour rétablir les couleurs de premier et d'arrière-plan par défaut. Cliquez droit (ou Ctrl + clic sur Mac) et choisissez une brosse paramétrée comme indiqué.

Notre suggestion

Le masque de fusion agit comme un pochoir, laissant révéler certaines parties de l'image. Avec l'outil Pinceau, et en peignant avec les couleurs de premier et d'arrière-plan (noire ou blanche), vous allez activer ou désactiver ce pochoir par endroits, ce qui rendra l'effet de calque apparent ou non. Ici, les corrections de luminosité de l'étape 11 seront ainsi partiellement annulées par le masque de fusion.

13 Peignez sur toute la partie basse de l'image en réglant la couleur de premier plan sur Noir et l'opacité du pinceau à 50 %. En brossant l'herbe, vous annulez ainsi l'effet d'assombrissement sur cette zone : l'herbe s'éclaircit.

14 Voici ce que vous obtenez, une fois l'herbe brossée. Ne passez pas le pinceau sur les bâtiments du fond, ni sur les arbres, de manière à conserver un effet de contre-jour.

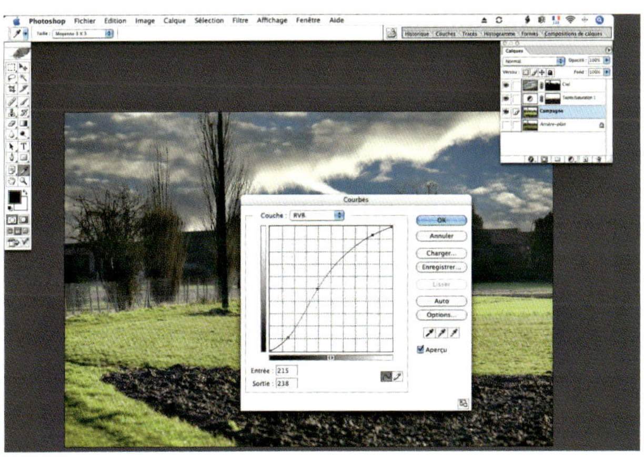

15 Sélectionnez le calque Campagne et allez dans le menu Image>Réglages>Courbes. Donnez à la courbe une forme de S pour renforcer le contraste de l'image, afin d'accentuer l'effet oppressant du ciel.

Incruster un texte sur du tissu

Difficile

Réalisation : 1 h

Outils utilisés :
Texte
Cisaillement
Transformation manuelle

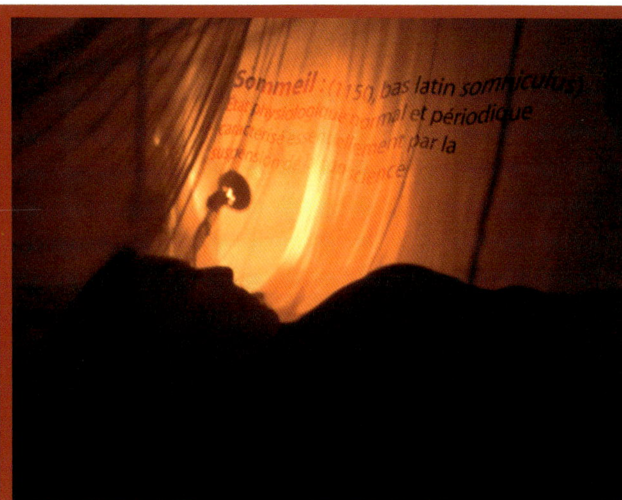

A priori, Photoshop n'est pas une application destinée au traitement de texte comme peuvent l'être XPress ou InDesign, par exemple. Néanmoins, il permet de manipuler des caractères et surtout, de les intégrer dans une image. Vous allez ici appliquer un texte sur un drapé, le déformer pour qu'il épouse parfaitement la forme des plis et enfin lui donner la texture du tissu.

Le choix de la typographie est l'un des aspects cruciaux de cet atelier. En effet, il existe une multitude de fontes et la recherche d'une police de caractères particulière peut rapidement s'avérer fastidieuse. Pour éviter d'éventuels problèmes de compatibilité, il est préférable de choisir une police intégrée au système.

Tai-Marc Le Thanh

Fichier initial : imagedepart27.jpg
Fichier final : imagearrivee27.jpg

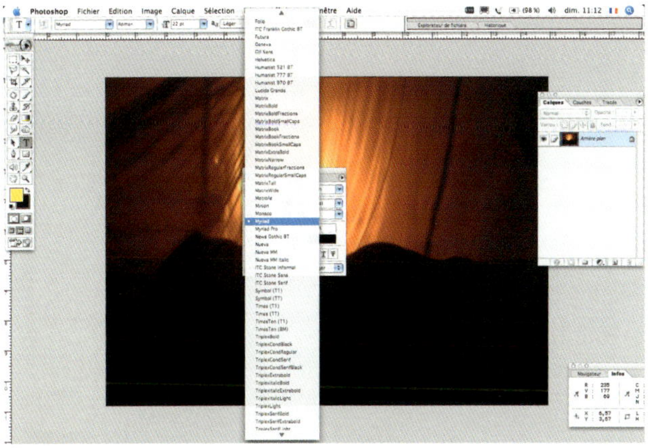

1 Ouvrez l'image et affichez la fenêtre Caractère via le menu Fenêtre. Choisissez votre police, sa taille, sa couleur (noire) et gardez l'interlignage en mode Automatique. Laissez les autres caractéristiques par défaut.

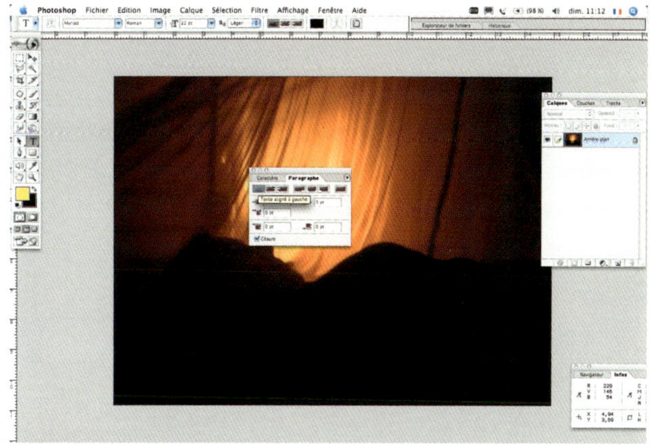

2 Dans la fenêtre Paragraphe, sélectionnez le mode d'alignement Texte aligné à gauche.

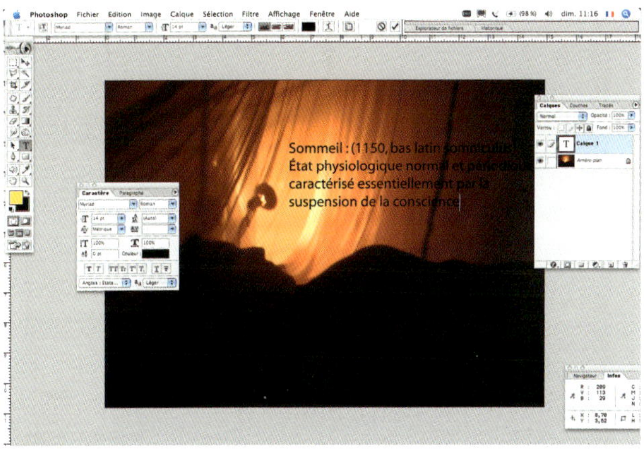

3 Avec l'outil Texte de la palette d'outils, cliquez sur l'image à l'endroit où vous souhaitez insérer votre texte et saisissez-le. Un nouveau calque se crée automatiquement.

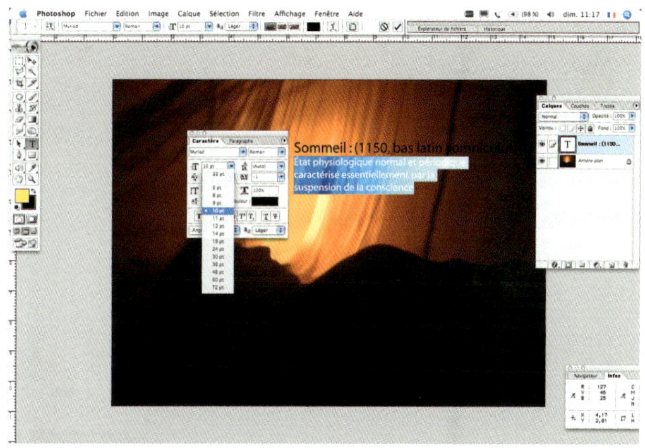

4 Sélectionnez la partie inférieure du texte avec l'outil Texte et modifiez la taille des caractères.

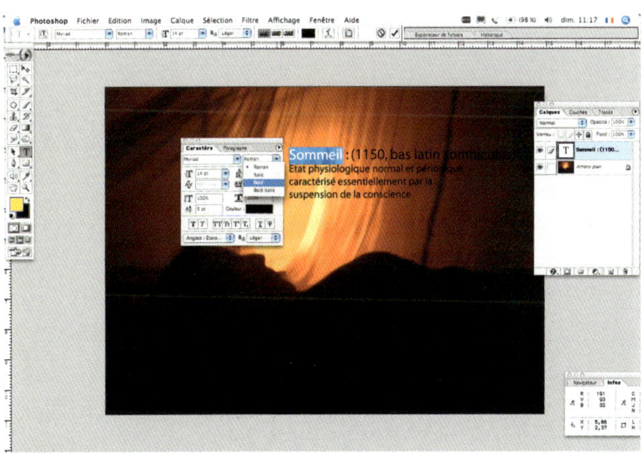

5 Sélectionnez ensuite le premier mot et mettez-le en gras, puis passez le mot latin en italique.

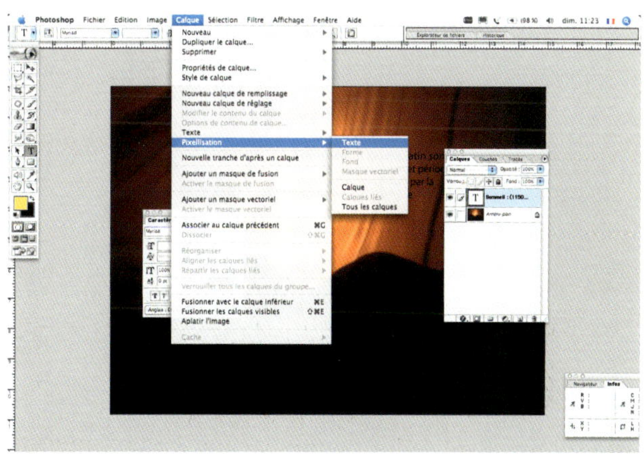

6 Pixellisez le calque en vous rendant dans le menu Calque> Pixellisation>Texte.

7 Avec la fonction Transformation manuelle de la palette d'outils, replacez le texte sur le drapé. Avec les poignées d'angle et en maintenant la touche Ctrl (sur Mac) enfoncée, donnez au texte le même mouvement que celui du tissu.

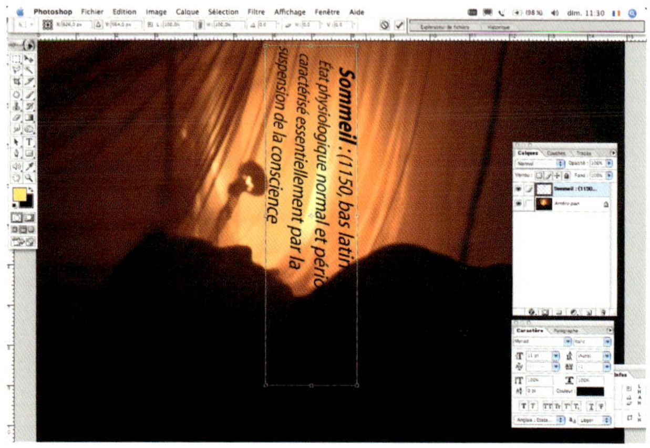

8 La fonction Transformation manuelle toujours activée, approchez le curseur d'une poignée pour qu'il se transforme en arc de cercle avec deux flèches aux extrémités. En maintenant la touche Maj enfoncée, faites pivoter le cadre de 90°.

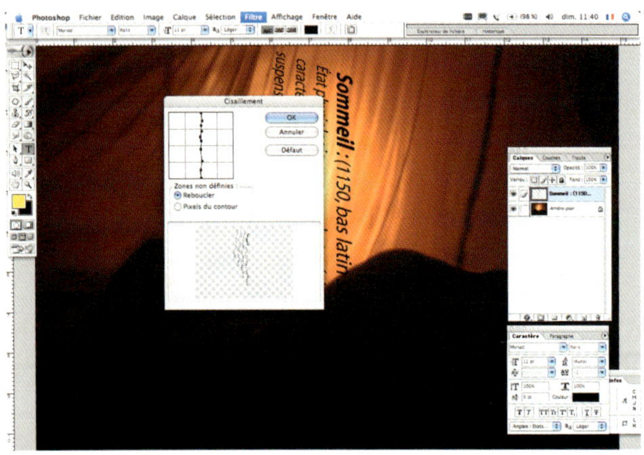

9 Allez dans le menu Filtre>Déformation>Cisaillement et créez sur la ligne verticale de la fenêtre du filtre une dizaine de points (en cliquant sur la ligne). Décalez-les légèrement à gauche et à droite alternativement, puis validez par OK.

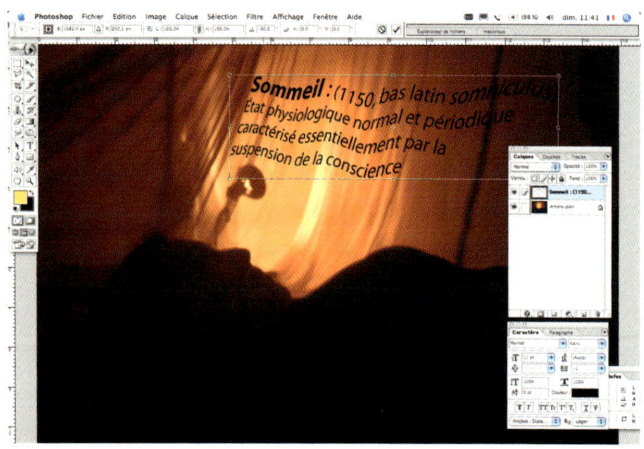

10 Avec la fonction Transformation manuelle, utilisez la rotation pour repositionner le calque à l'endroit et le replacer correctement sur le tissu.

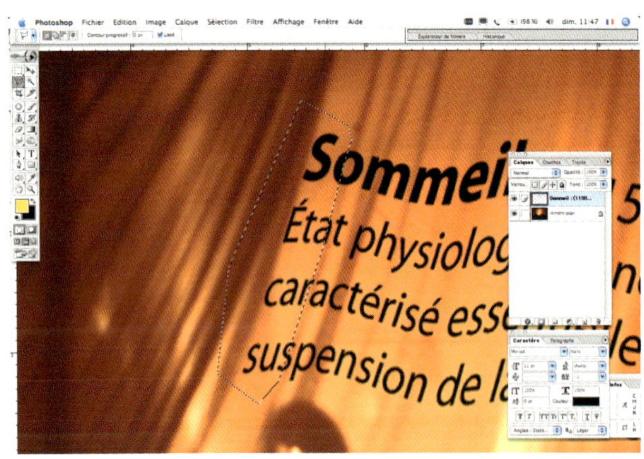

11 Avec l'outil Lasso polygonal de la palette d'outils, sélectionnez une bande verticale située dans l'un des plis du tissu et comprenant du texte.

12 Décalez légèrement cette bande le long du pli vers le haut au moyen de l'outil Déplacement. Répétez cette opération avec chaque pli en décalant le texte vers le haut ou vers le bas pour qu'il corresponde aux mouvements du drapé.

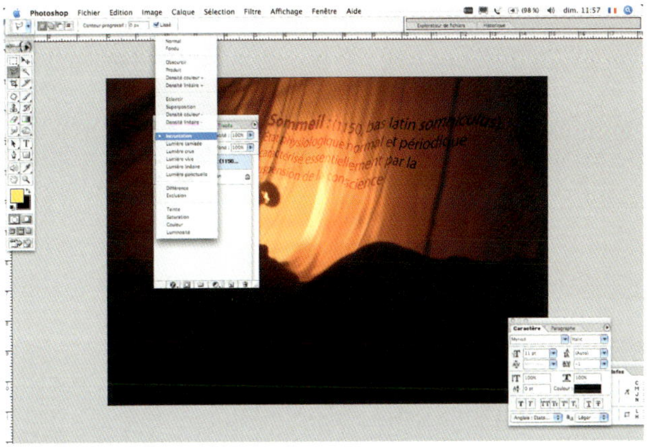

13 Placez le calque en mode Incrustation à 100 % d'opacité via le menu déroulant situé en haut à gauche de la palette des calques.

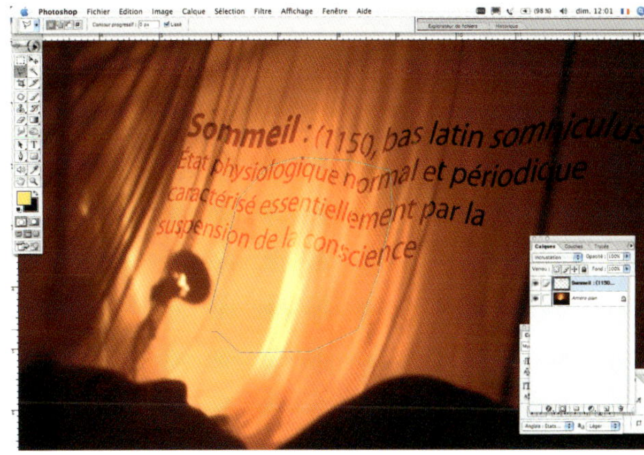

14 Avec l'outil Lasso polygonal, sélectionnez la zone du texte correspondant à l'éclat de lumière situé derrière le drapé.

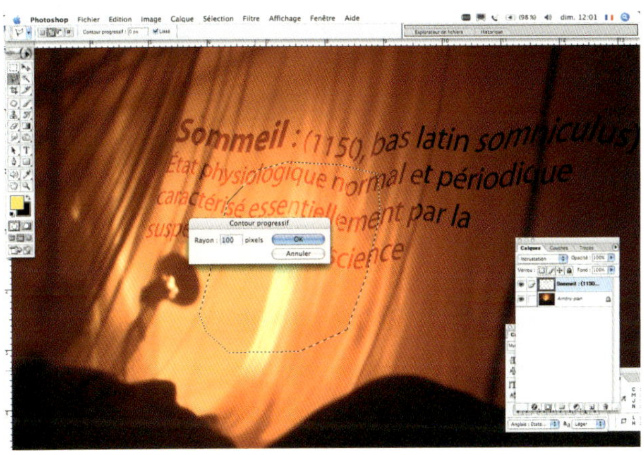

15 Donnez à cette sélection un contour progressif de 100 pixels grâce au menu Sélection>Contour progressif.

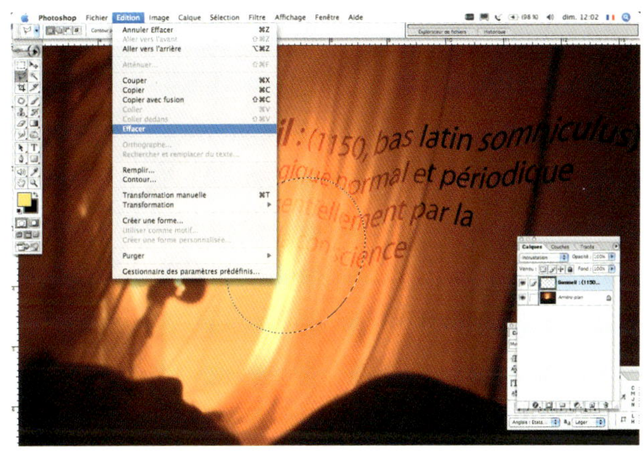

16 Supprimez cette sélection via le menu Édition>Effacer. Comme le contour de la sélection est progressif, le texte sera totalement supprimé au centre et seulement estompé en périphérie.

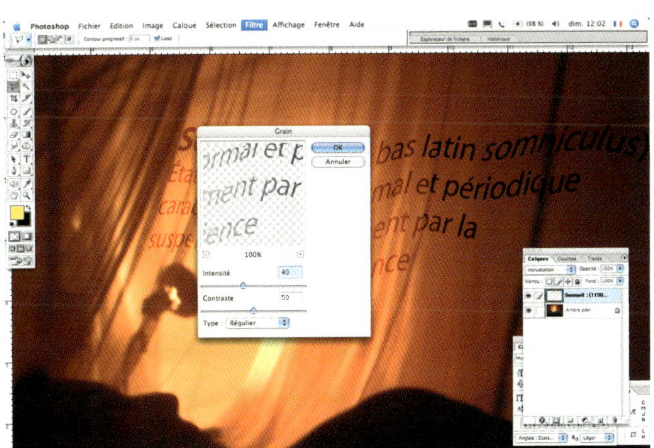

17 Appliquez ensuite un filtre Grain via le menu Filtre> Textures>Grain avec une intensité de 40, un contraste de 50 et un type Régulier.

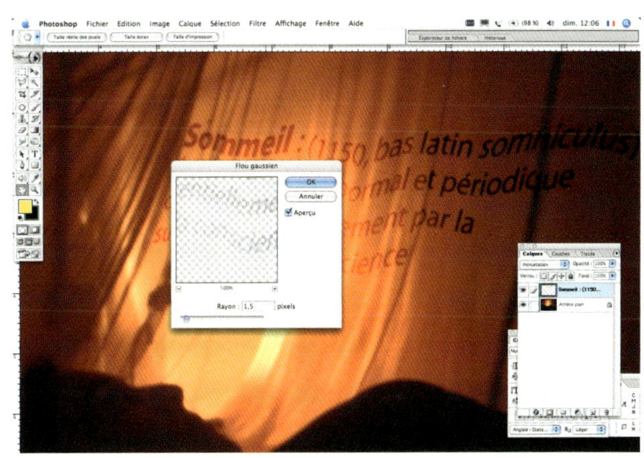

18 Appliquez enfin un filtre Flou gaussien en allant dans le menu Filtre>Atténuation>Flou gaussien avec une valeur de 1,5 pixel.

Créer une ambiance aquatique

Difficile

Réalisation : 1 h

Outils utilisés :
Lasso polygonal
Dégradé
Filtre Flou gaussien
Ellipse de sélection
Filtre Fluidité

Cet exercice est à la fois un photomontage, une étude d'un rendu aquatique et un atelier de dessin. Le résultat final ne sera en aucun cas une photo réaliste : en effet, nous ne chercherons pas, par exemple, à faire flotter les cheveux du personnage dans l'eau ! Toutefois, le rendu de la lumière sera assez représentatif de la réalité. Vous découvrirez ainsi que la réalisation des rayons lumineux obliques est d'une simplicité enfantine. Quant aux conversions chromatiques, elles seront facilitées par la couleur verte du fond de la photo initiale.

Taï-Marc Le Thanh

Fichier initial : imagedepart28_1.jpg
imagedepart28_2.jpg
Fichier final : imagearrivee28.jpg

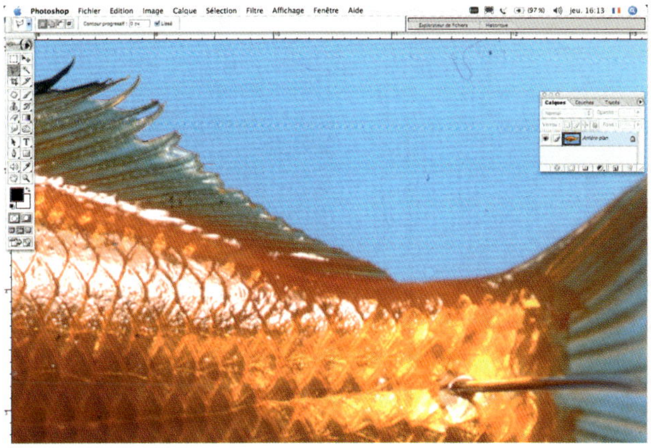

1 Ouvrez l'image du poisson. Avec l'outil Lasso polygonal de la palette d'outils, détourez ce poisson et copiez-collez la sélection sur l'image principale. Un nouveau calque se crée automatiquement.

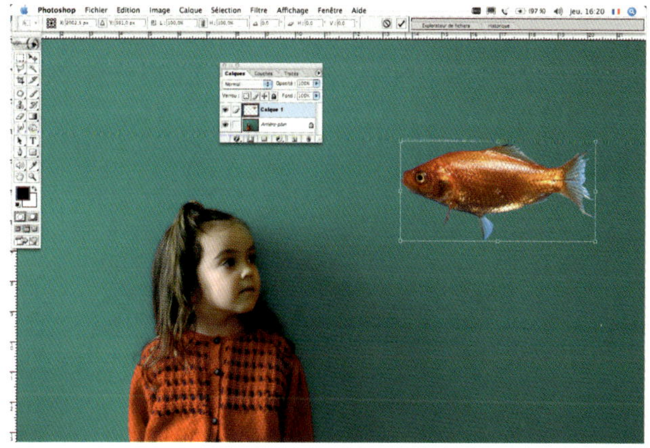

2 Grâce à l'outil Transformation manuelle du menu Édition, passez le poisson à l'échelle souhaitée et positionnez-le correctement dans l'image.

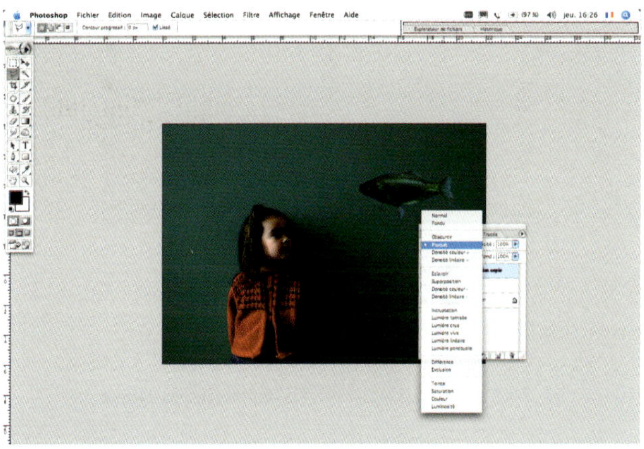

3 Dupliquez le calque d'arrière-plan via le menu Calque>Dupliquer le calque, et faites-le passer au premier plan en le faisant glisser dans la palette des calques. Réglez-le sur le mode Produit à 100 % d'opacité.

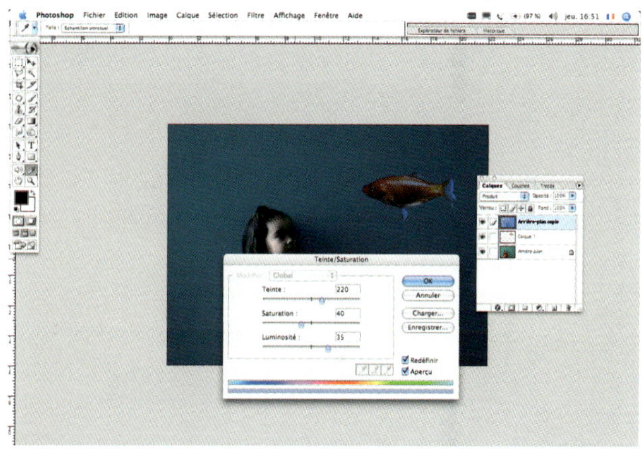

4 Allez dans le menu Image>Réglages>Teinte/Saturation et appliquez à ce dernier calque les valeurs suivantes : Teinte 220, Saturation 40 et Luminosité 35. Cochez la case Redéfinir afin de mettre toutes les teintes de l'image au même niveau.

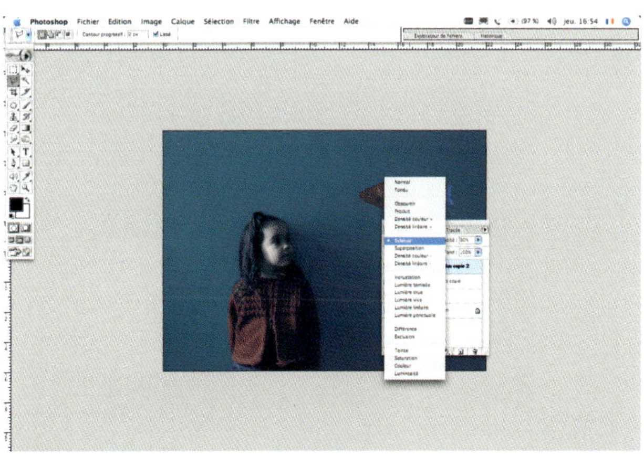

5 Dupliquez le calque Arrière-plan copie et placez-le en mode Éclaircir à 30 % d'opacité, via le menu déroulant situé en haut de la palette des calques.

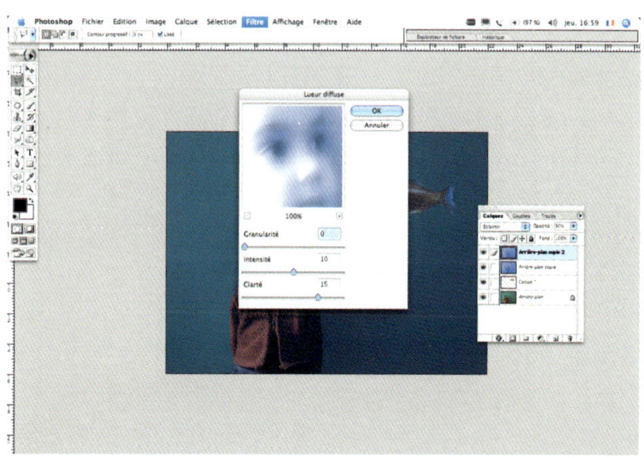

6 Allez dans le menu Filtre>Déformation et assignez à ce calque le filtre Lueur diffuse selon les paramètres suivants : Granularité 0, Intensité 10 et Clarté 15.

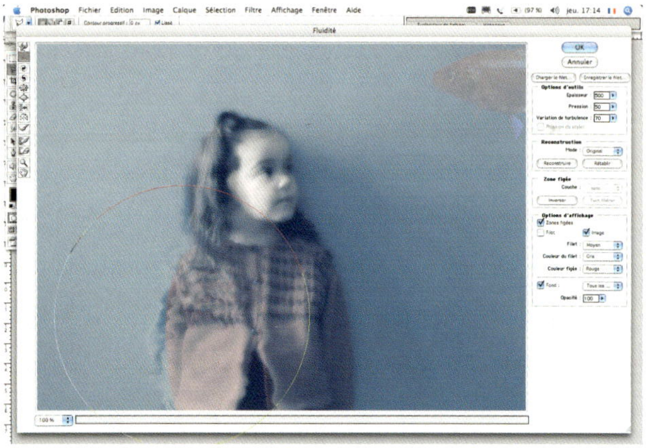

7 Placez-vous sur le calque supérieur de la palette des calques. Via le menu Filtre>Fluidité, appliquez l'outil Turbulence (réglé comme indiqué) sur le vêtement, ainsi que très légèrement à gauche du visage. Validez.

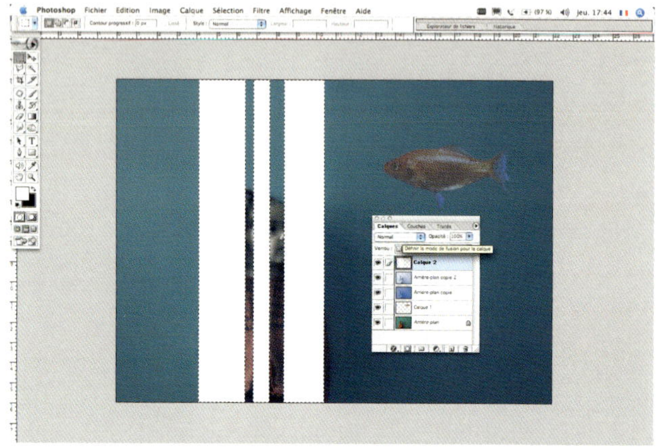

8 Créez un calque. Avec l'outil Rectangle de sélection, dessinez trois bandeaux (en pressant la touche Maj pour les deux derniers). Remplissez-les de blanc via le menu Édition> Remplir et passez le calque en mode Incrustation à 50 % d'opacité.

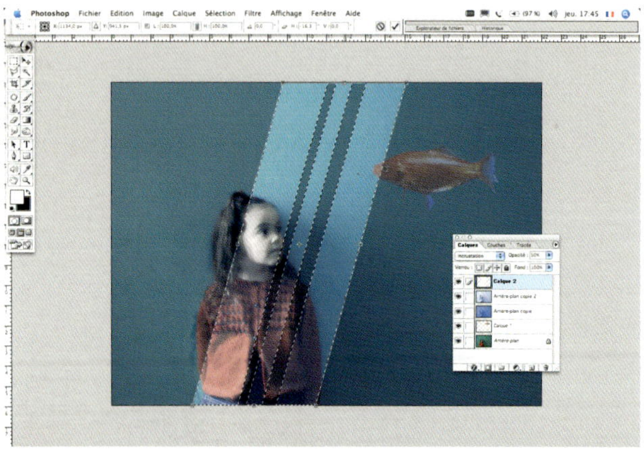

9 Avec l'outil Transformation manuelle du menu Édition, inclinez les trois bandes en déplaçant la poignée centrale du côté supérieur, tout en maintenant la touche Ctrl (sur Mac) enfoncée.

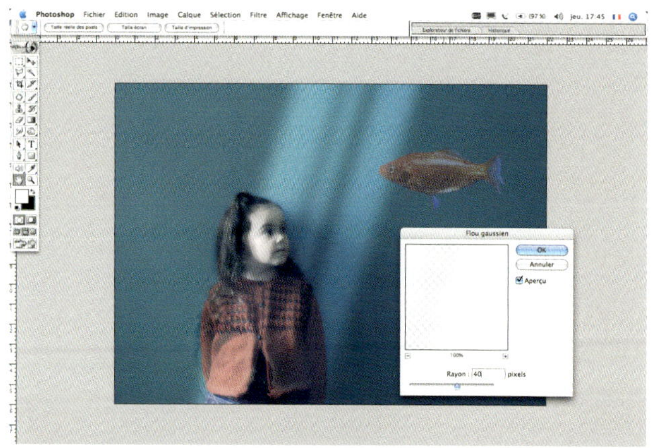

10 Assignez à ce calque un flou gaussien de 40 pixels via le menu Filtre>Atténuation>Flou gaussien. Avec l'outil Déplacement de la palette d'outils, placez ces trois jets de lumière où vous le désirez.

11 Récupérez la sélection du poisson en cliquant sur son calque tout en appuyant sur la touche Ctrl (sur Mac). Via le menu Sélection>Modifier>Contracter, contractez cette sélection de 50 pixels et assignez-lui un contour progressif de 35.

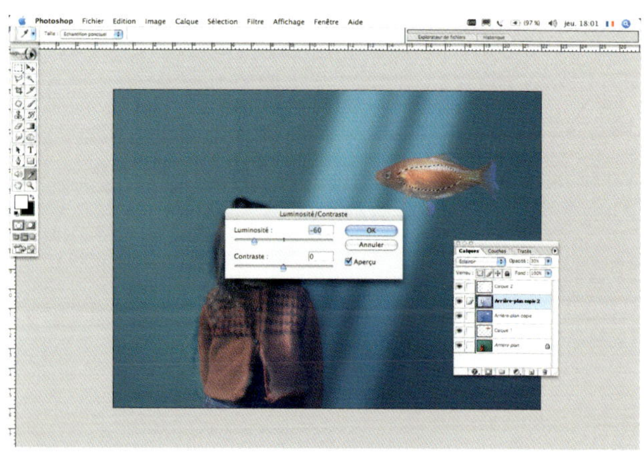

12 Placez-vous sur le calque Arrière-plan copie et videz la sélection via le menu Édition>Effacer. Puis, sur le calque Arrière-plan copie 2, assombrissez le contenu de la sélection avec la fonction Luminosité/Contraste du menu Image>Réglages.

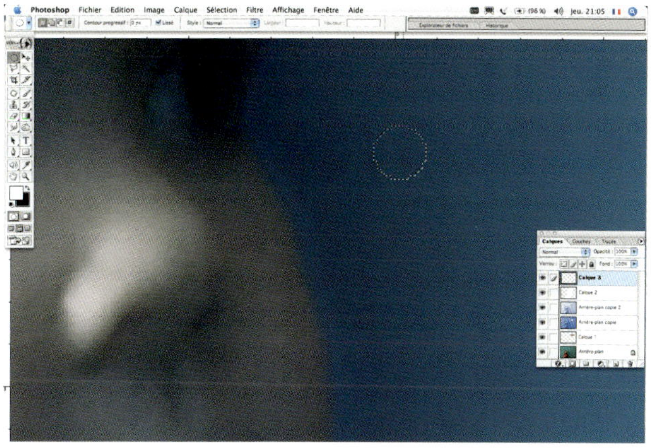

13 Créez un nouveau calque. Avec l'outil Ellipse de sélection de la palette d'outils, dessinez un cercle en maintenant la touche Maj enfoncée.

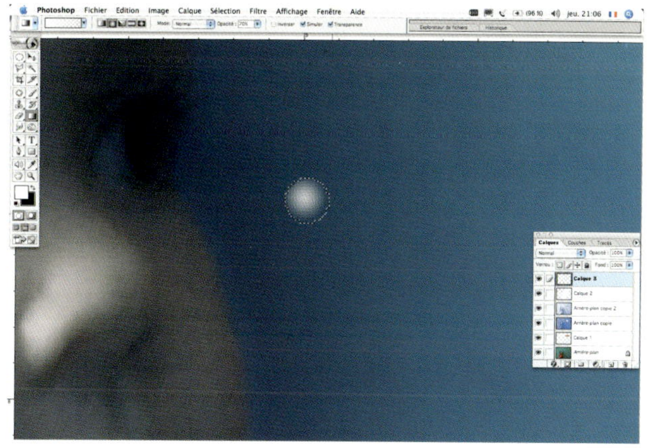

14 Activez l'outil Dégradé avec la couleur blanche au premier plan. Dans la barre d'options, choisissez un dégradé radial du blanc vers le transparent en mode Normal à 70 % d'opacité, et créez un dégradé dans le cercle en l'excentrant légèrement.

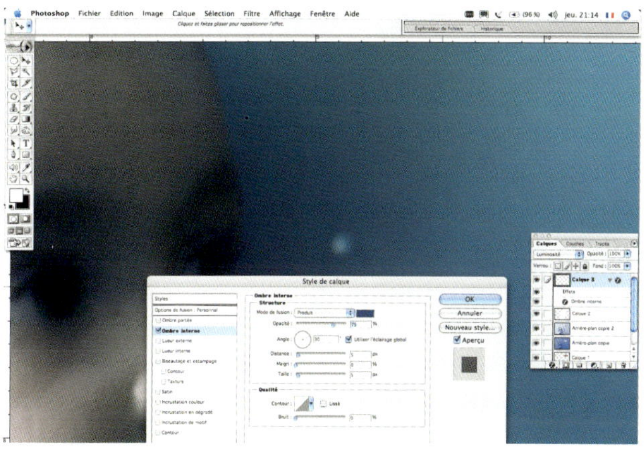

15 Assignez au calque un style de calque Ombre interne via le menu déroulant des styles de calque, situé en bas de la palette des calques, et remplissez les différents champs comme indiqué. Placez également le calque en mode Luminosité à 80 %.

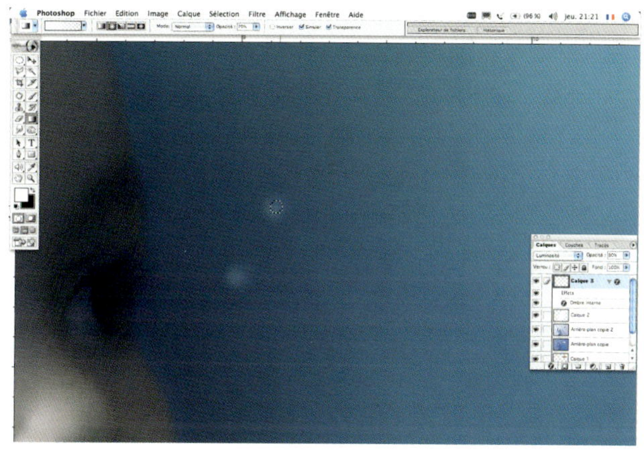

16 Sélectionnez la bulle en cliquant sur le calque tout en maintenant la touche Ctrl (sur Mac) enfoncée, et dupliquez-la en faisant glisser la souris tout en pressant les touches Alt + Ctrl (Alt + sur Mac).

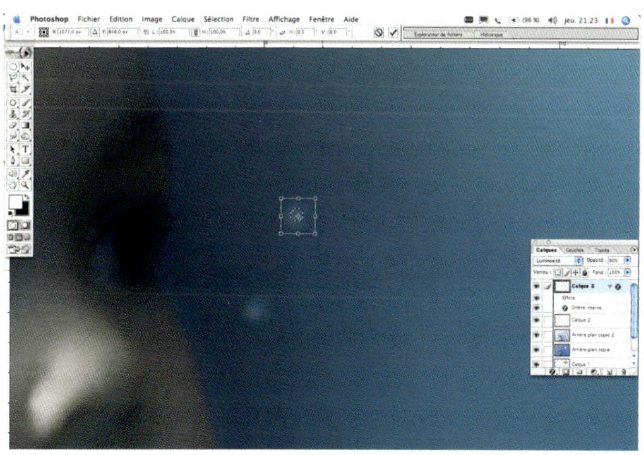

17 Avec la fonction Transformation manuelle, agrandissez ou rétrécissez la bulle dupliquée, et répétez ces deux dernières opérations pour obtenir au final une colonne de bulles.

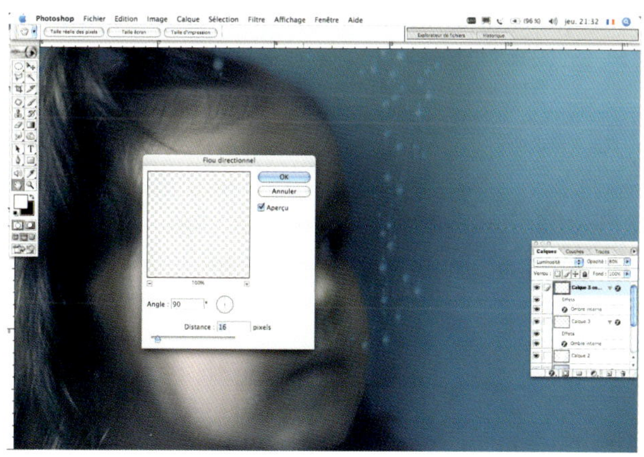

18 Dupliquez le dernier calque et allez dans le menu Filtre>Atténuation>Flou directionnel pour lui appliquer un flou directionnel d'un angle de 90° et d'une valeur de 16 pixels.

Créer des gouttes d'eau

Difficile

Réalisation : 1 h

Outils utilisés :
Plume
Sélection directe
Filtre Océan

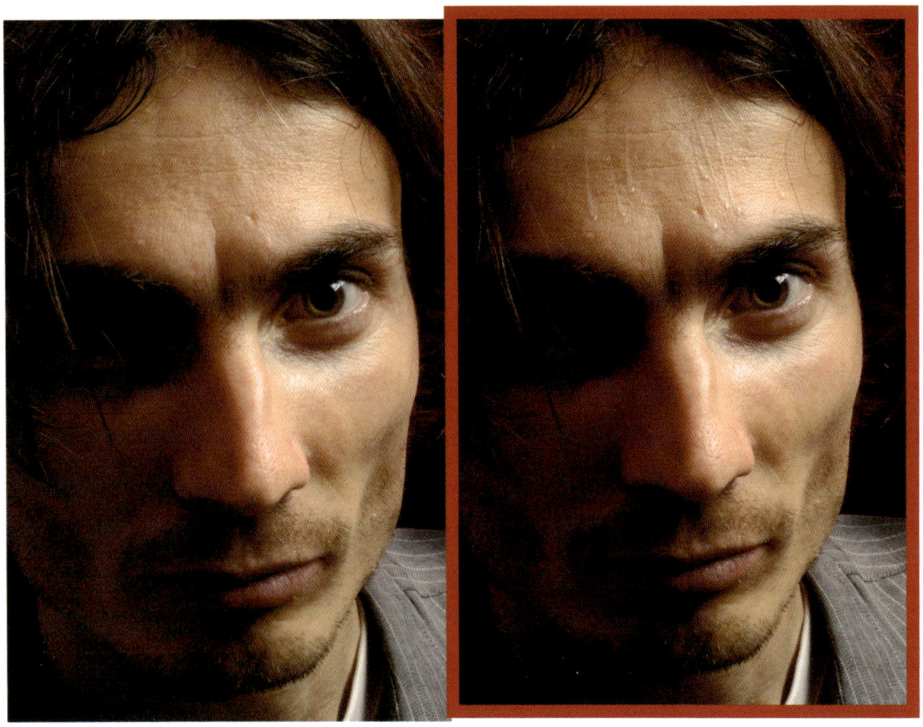

Pour reproduire le plus fidèlement possible une goutte d'eau avec Photoshop, la maîtrise du dessin ne suffit pas : avant toute chose, il faut avoir étudié avec précision sa structure. Plutôt blanche et d'opacité réduite, présentant un contour interne foncé et des points de lumière très brillants, une goutte produit un léger effet de diffraction sur la peau. Une goutte étant constituée d'eau, il faudra lui attribuer une matière et un volume. Pour la créer, trois calques seront nécessaires : un pour la matière de l'eau, un pour le volume et un pour les reflets. Enfin, il faudra traiter le léger effet de diffraction sur la peau, minimisé ici par la taille de la goutte, mais qui pourra être appliqué sur des surfaces plus importantes.

Tai-Marc Le Thanh

Fichier initial : imagedepart29.jpg
Fichier final : imagearrivee29.jpg

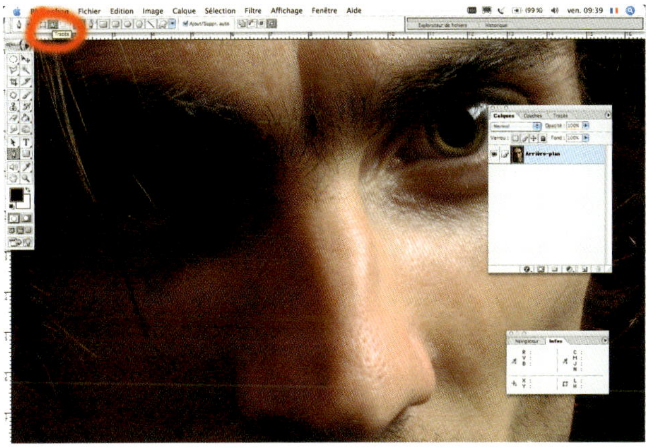

1 Une goutte d'eau ne présentant pas d'angles, l'outil Plume s'avère approprié pour tracer son contour (en utilisant si besoin les poignées vectorielles pour affiner le travail). Paramétrez donc l'outil Plume en mode Tracés via la barre d'options.

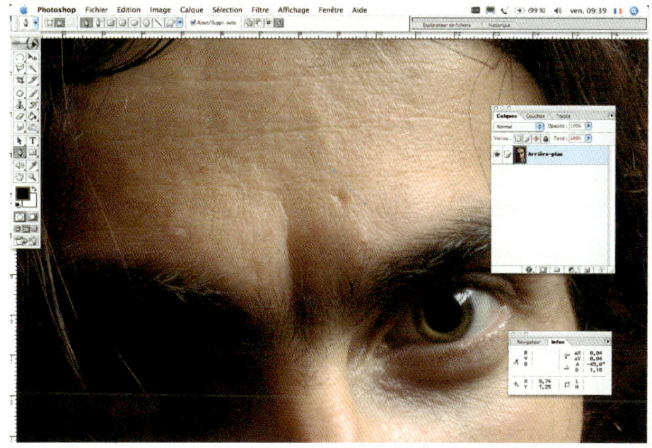

2 Pour dessiner le premier point de la goutte, cliquez dans l'image et tout en maintenant le bouton de la souris enfoncé, tracez une ligne directrice (pour le maniement de la plume, voir aussi l'atelier n° 20 « Détourer à la plume »).

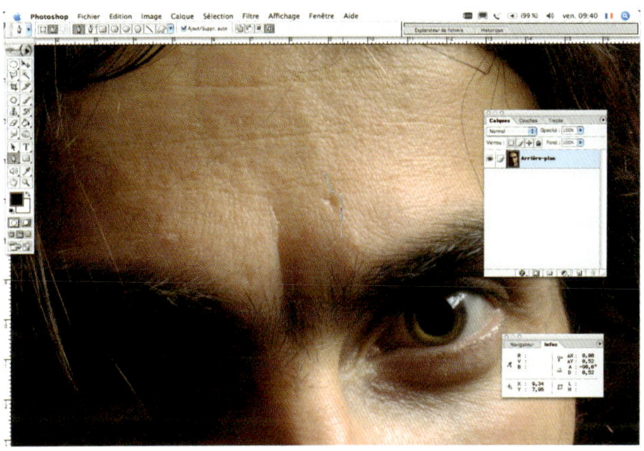

3 Procédez de la même façon pour le deuxième point. Vous venez de créer une ligne de tracé.

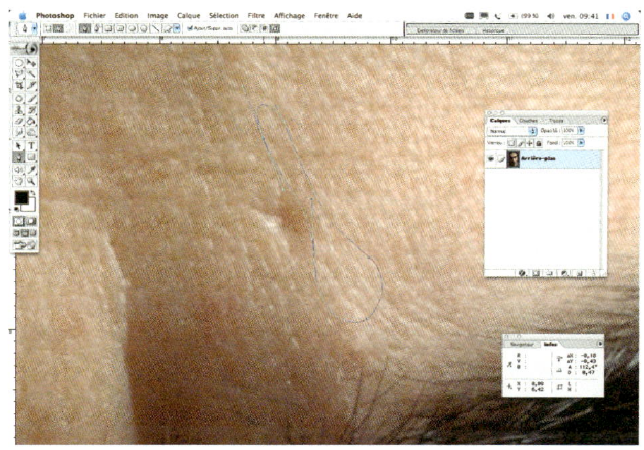

4 Créez un tracé ayant la forme d'une goutte. Fermez ensuite le tracé. Un indice ° accompagne l'icône de l'outil Plume lorsque le tracé est bouclé.

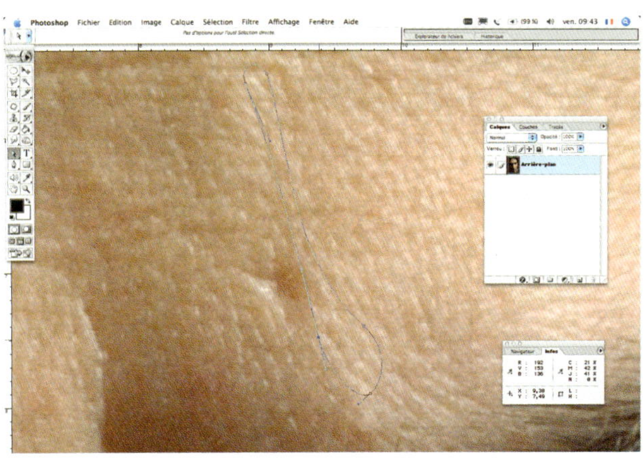

5 Grâce à l'outil Sélection directe de la palette d'outils, corrigez la position des points du tracé en cliquant directement sur chacun. Le but est d'obtenir un tracé satisfaisant avec un minimum de points.

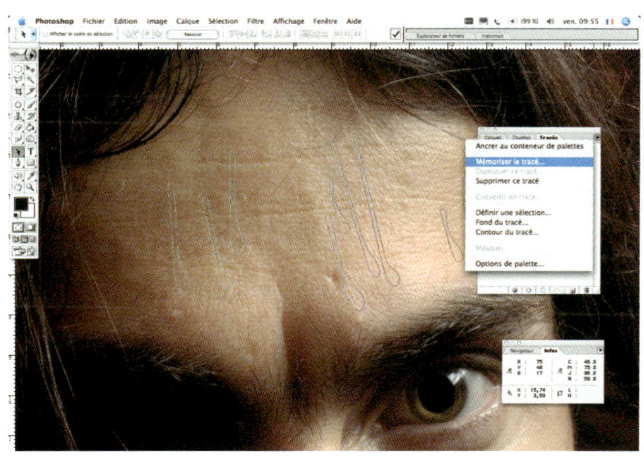

6 Procédez de même pour dessiner d'autres gouttes. Dans la fenêtre Tracés du menu Fenêtre, un tracé correspondant à toutes les gouttes s'est automatiquement créé. Mémorisez-le grâce au menu déroulant situé en haut de cette fenêtre.

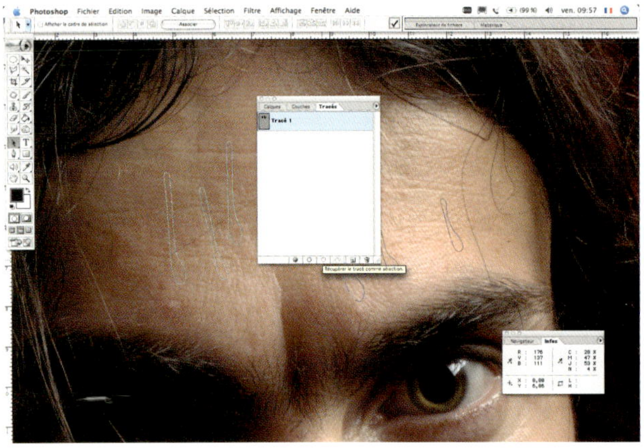

7 Créez ensuite trois calques, puis rendez-vous dans la fenêtre Tracés et cliquez sur l'icône Récupérer le tracé comme sélection, située en bas de cette fenêtre.

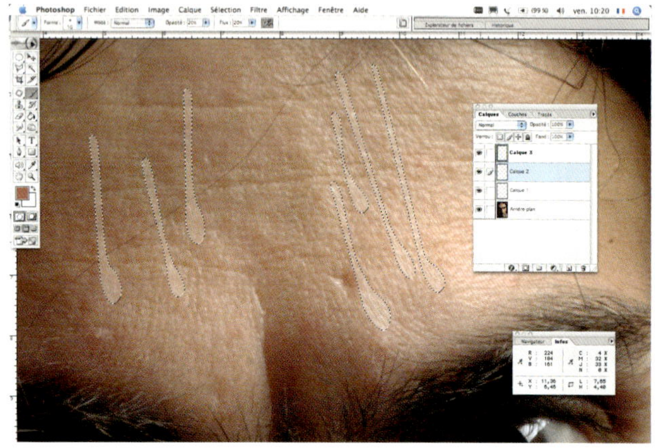

8 Sélectionnez le Calque 2 et remplissez cette sélection de blanc avec l'outil Pot de peinture, paramétré avec une opacité de 20 %.

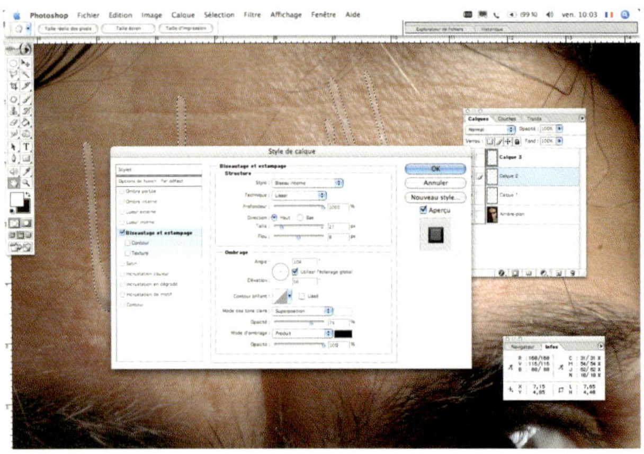

9 Appliquez à ce Calque 2 un style de calque Biseautage et estompage en cliquant sur l'icône Ajouter un style de calque, située en bas de la palette des calques. Renseignez les différents paramètres de ce style comme indiqué.

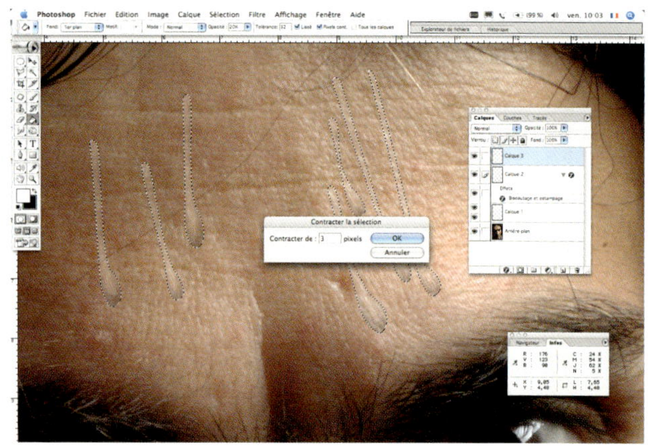

10 Sur le Calque 1, récupérez la sélection du tracé et réduisez-la de 3 pixels via Sélection>Modifier>Contracter. Appliquez un contour progressif de 5 pixels et remplissez la sélection de blanc avec une opacité de 45 %. Réglez l'opacité du calque à 20 %.

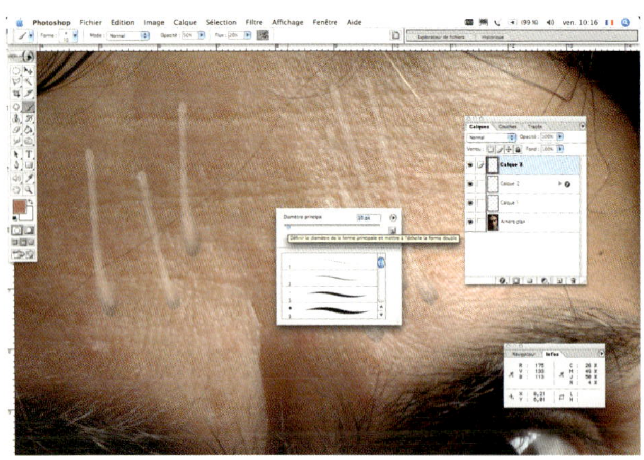

11 Paramétrez l'outil Pinceau avec une taille de 10 pixels, en mode Normal, avec une opacité de 50 % et un flux de 20 %, en mode Aérographe.

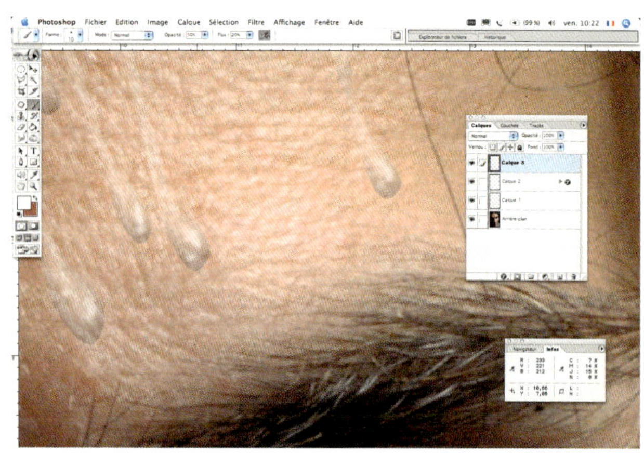

12 Sur le Calque 3, donnez une première touche au centre de la goutte, puis une seconde, plus légère, sur le côté. Essayez de donner à ces reflets la même forme que celle des reflets de l'œil du personnage.

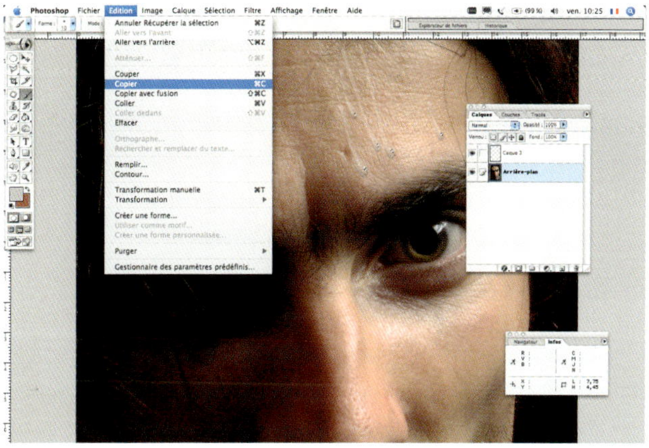

13 Fusionnez les trois calques via la fonction Fusionner avec le calque inférieur du menu déroulant de la palette des calques. Récupérez la sélection du tracé des gouttes (voir étape 7), placez-vous sur le calque d'arrière-plan et copiez cette sélection.

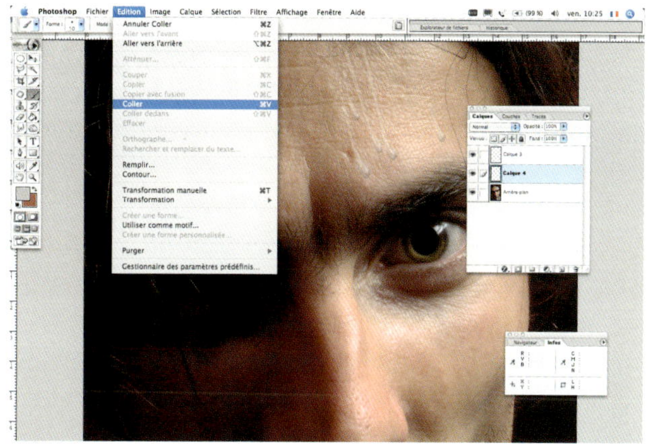

14 Collez-la : un nouveau calque se crée automatiquement.

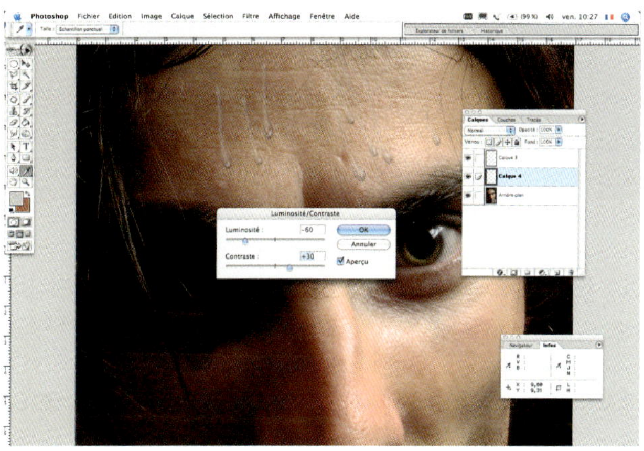

15 Pour assombrir le nouveau calque, allez dans le menu Image>Réglages>Luminosité/Contraste et réglez la luminosité à – 60 et le contraste à 30.

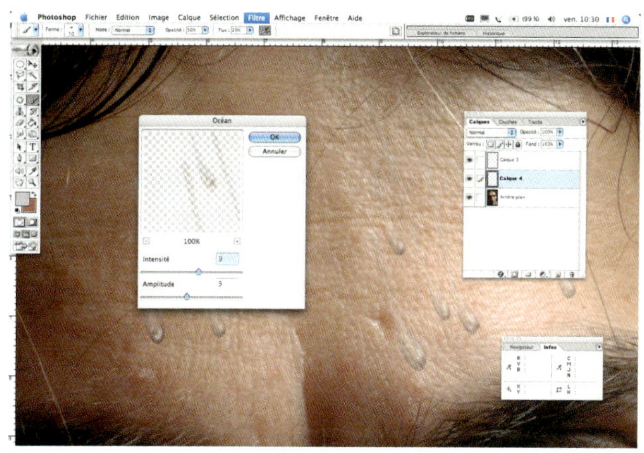

16 Via le menu Filtre>Déformation>Océan, appliquez à ce calque le filtre Océan avec une intensité et une amplitude de 9. Décalez légèrement ce dernier calque sur la gauche grâce à l'outil Déplacement et placez-le en mode Produit à 60 % d'opacité.

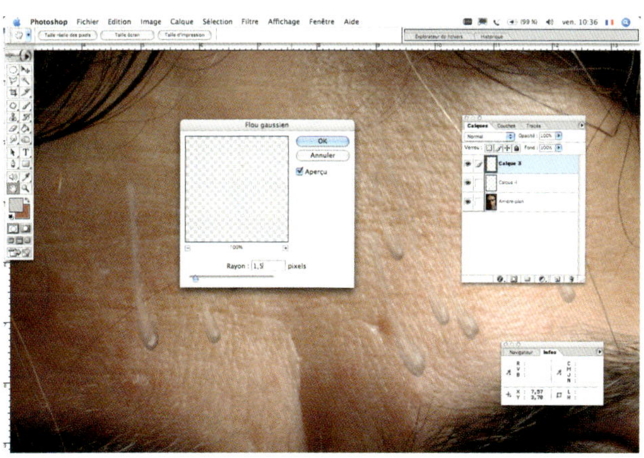

17 Pour parfaire l'intégration de la goutte, appliquez aux calques 3 et 4 un léger flou gaussien de 1 pixel via le menu Filtre>Atténuation>Flou gaussien.

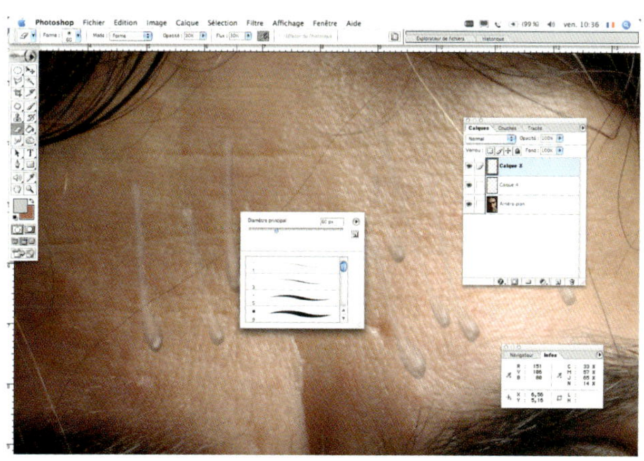

18 Avec l'outil Gomme (Taille : 60, Opacité et Flux : 30 %), estompez la base de chaque goutte sur les deux calques. Vous pouvez aussi renforcer l'éclat sur les gouttes avec l'outil Pinceau.

Donner un effet de vitesse

Difficile

Réalisation : 45 min

Outils utilisés :
Lasso polygonal
Déplacement
Gomme
Filtre Flou directionnel

À moins d'avoir le matériel approprié et les compétences requises, les prises de vue à grande vitesse présentent souvent l'inconvénient de ne pas rendre du tout l'effet de mouvement. Cependant, grâce à Photoshop, il existe un moyen relativement simple pour insuffler à vos clichés plus de dynamisme. Le procédé repose sur l'utilisation du filtre Flou directionnel, après une préparation préalable de l'image, bien entendu. La technique employée consiste à flouter le fond de la photo sans modifier la netteté des personnages situés au premier plan, et à leur donner un effet de vitesse. Il faudra pour cela les isoler au moyen d'un détourage classique réalisé avec l'outil Lasso polygonal. Le flou directionnel du fond déterminera alors le sens de la vitesse et sa quantification. Des effets supplémentaires de vitesse seront ensuite ajoutés sur les autres calques pour renforcer le dynamisme de l'image.

Taï-Marc Le Thanh

Fichier initial : imagedepart30.jpg
Fichier final : imagearrivee30.jpg

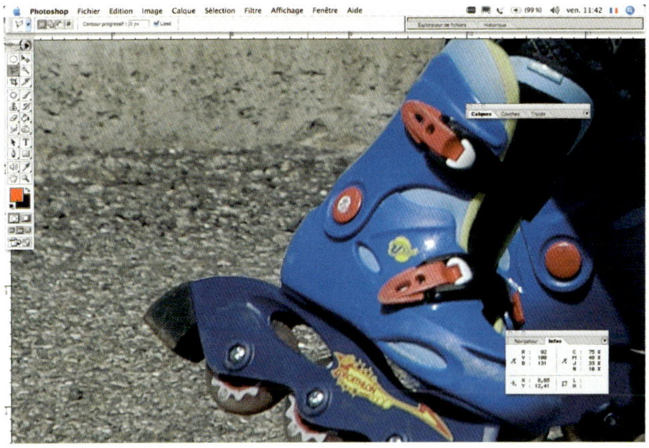

1 Ouvrez l'image et avec l'outil Lasso polygonal, procédez au détourage du personnage. Quand le lasso rencontre le point d'origine du détourage, la sélection détourée s'affiche. (Attention de ne pas cliquer avec la souris, car la sélection s'effacerait.)

2 Il reste des vides à désélectionner. Avec le lasso polygonal et en maintenant la touche Alt enfoncée, soustrayez à votre sélection globale les surfaces en question.

3 Copiez votre sélection et collez-la. Un calque nommé Calque 1 se crée automatiquement.

4 Dans le menu déroulant de la palette des calques, sélectionnez Dupliquer le calque. Répétez l'opération pour obtenir au final deux copies du Calque 1.

5 Vous disposez donc à présent d'un calque d'arrière-plan et de trois calques de personnages sur lesquels vous allez appliquer les différents effets de vitesse.

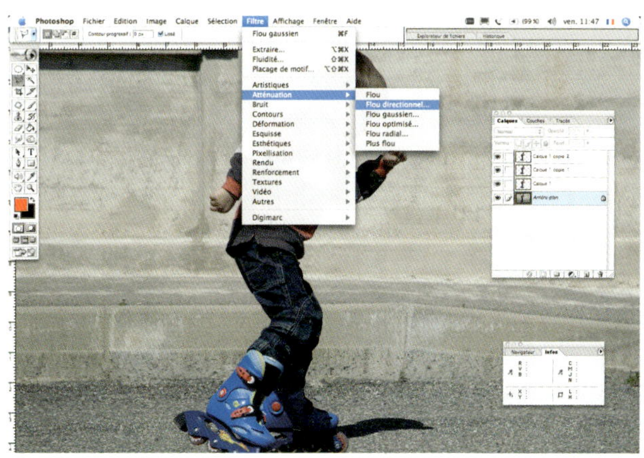

6 Placez-vous sur le calque d'arrière-plan et ouvrez la fenêtre du filtre Flou directionnel via le menu Filtre>Atténuation>Flou directionnel.

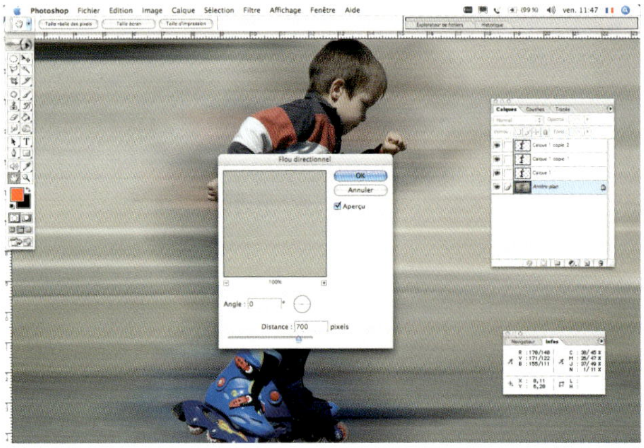

7 Sélectionnez une inclinaison de 0° et une distance de 700 pixels afin de donner l'effet de vitesse sur le fond. Validez par OK.

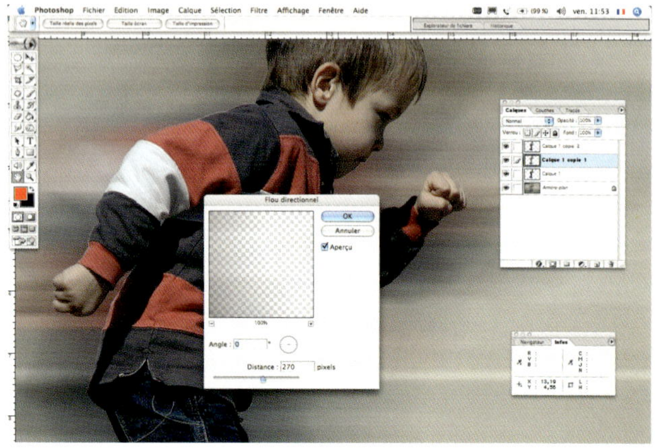

8 Positionnez-vous sur le calque du milieu et appliquez de nouveau le filtre Flou directionnel avec une inclinaison de 0°, mais cette fois avec une distance de 270 pixels. Cela simulera un effet de vitesse en perspective du personnage.

9 Au moyen de l'outil Déplacement, cliquez sur n'importe quel endroit du calque et déplacez votre curseur vers la gauche pour appuyer le mouvement du personnage.

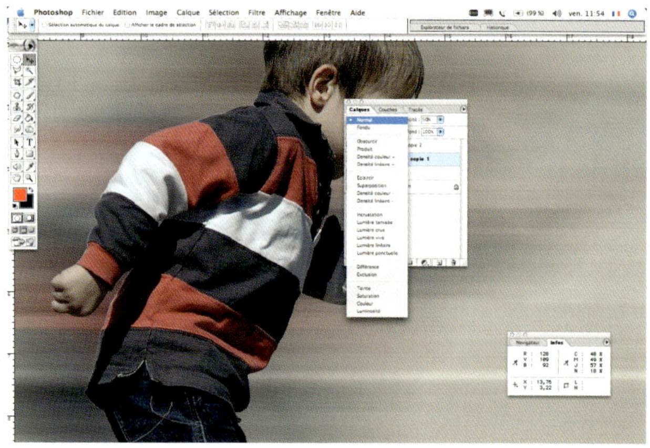

10 Réglez ce dernier calque sur le mode Normal à 50 %.

11 Positionnez-vous sur le calque supérieur et appliquez-y un flou directionnel d'une inclinaison de 0° et d'une distance de 270 pixels.

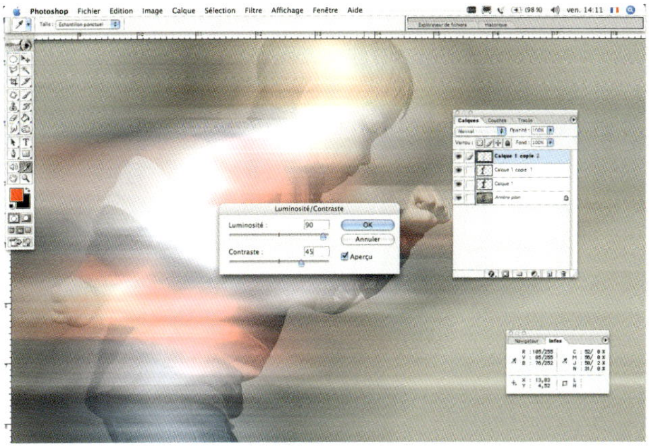

12 En étant toujours positionné sur le calque supérieur, allez dans le menu Image>Réglages>Luminosité/Contraste pour régler la luminosité à 90 et le contraste à 45.

13 Avec l'outil Déplacement, déplacez ce calque vers la gauche pour que ces effets ne masquent pas complètement les personnages. Puis placez ce calque en mode Superposition à 60 % d'opacité.

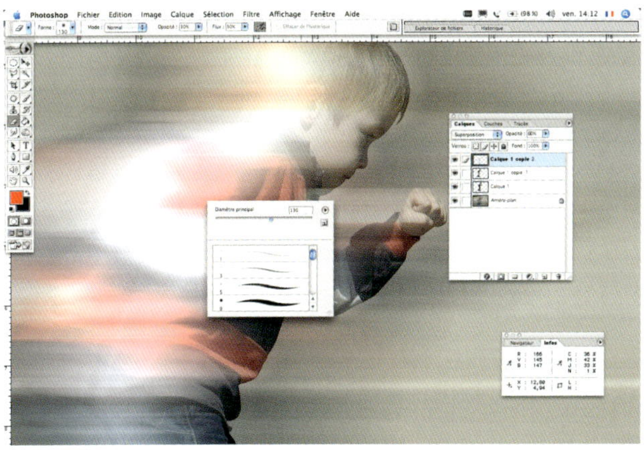

14 Avec l'outil Gomme, paramétré dans la barre d'options en mode Normal avec une opacité de 30 %, un flux de 30 % et un diamètre de 130 pixels, donnez de légères touches de façon à ce que les visages des personnages soient moins masqués.

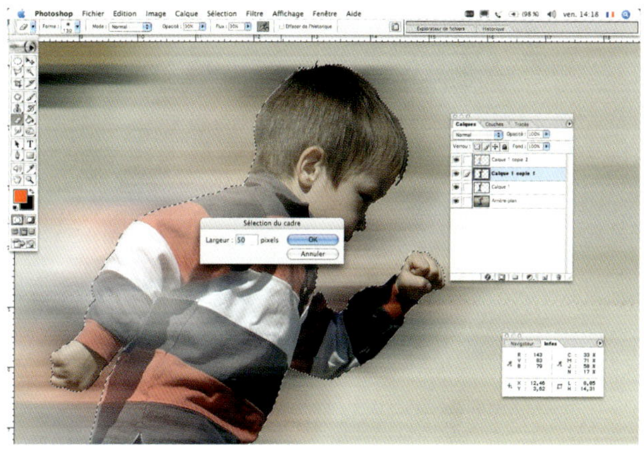

15 Activez la sélection du calque du personnage principal (Calque 1 copie 1) et appliquez-y un cadre de 50 pixels via le menu Sélection>Modifier>Cadre. À partir de cette zone, vous allez pouvoir fondre le personnage dans l'arrière-plan.

16 Donnez à cette sélection un contour progressif de 10 pixels via le menu Sélection>Contour progressif, puis appliquez un flou directionnel d'une valeur de 15 pixels et d'un angle de 0°.

Mixer trois images

Difficile

Réalisation : 1 h 30

Outils utilisés :
Lasso polygonal
Rectangle de sélection
Dégradé
Fluidité
Gomme

Cet atelier consiste à fusionner trois photos différentes en une seule image : celle d'un fumeur dont la tête se consume au moment où il aspire une bouffée de sa cigarette. La différence d'échelle entre ces trois photos sera la principale difficulté de cet atelier. Il faudra aussi veiller à ce que ces images soient de qualité égale, afin que le résultat demeure cohérent. Le format allongé du visuel final permettra de mettre en valeur les volutes de fumée qui constituent le point fort de cette image : leur intégration devra donc être parfaite. Pour que la fumée ressorte encore davantage, vous la placerez sur un fond foncé. L'intégration de la cendre sur le haut du crâne constituera l'étape finale.

Tai-Marc Le Thanh

Fichier initial : imagedepart31_1.jpg
imagedepart31_2.jpg
imagedepart31_3.jpg
Fichier final : imagearrivee31.jpg

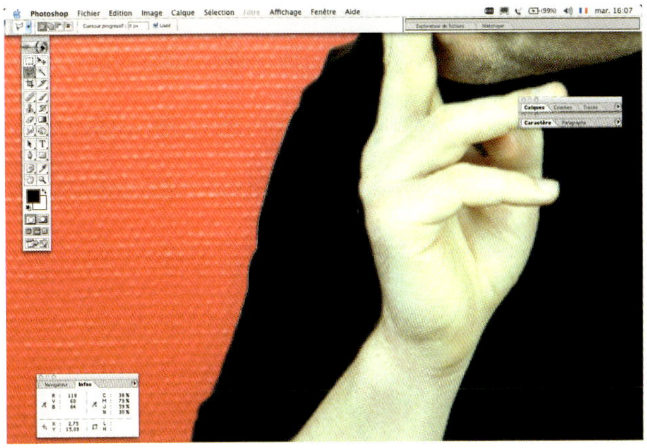

1 Ouvrez la photo du personnage et détourez-le à l'aide du lasso polygonal de la palette d'outils. Une fois cette opération terminée, copiez la sélection et collez-la sur un nouveau calque.

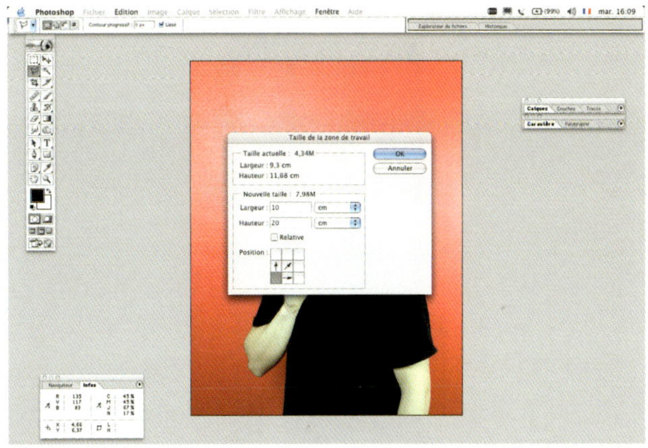

2 Pour agrandir le format, allez dans le menu Image> Taille de la zone de travail. Choisissez une largeur de 10 cm et une hauteur de 20 cm. Dans le quadrillage, placez l'image originale en bas à gauche.

3 Pour atténuer le fond trop brillant de la photo, allez dans le menu Image>Réglages>Remplacement de couleur. Fixez la tolérance à 80 et choisissez un pixel clair : jouez sur la saturation et la luminosité pour le foncer et adoucir ainsi le fond.

4 Avec l'outil Rectangle de sélection, sélectionnez la partie située entre la tête du personnage et le haut du mur. En pressant les touches Alt + Ctrl + Maj (Alt + + Maj sur Mac), faites glisser une copie de cette zone au-dessus de l'originale.

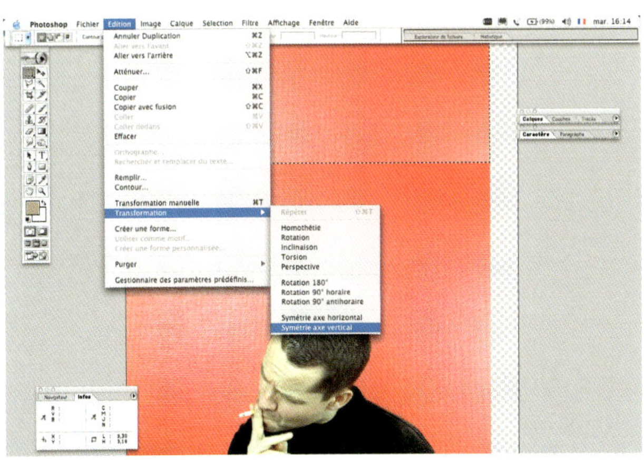

5 Pour que la jonction entre les deux zones soit parfaite, retournez la zone dupliquée via le menu Édition> Transformation>Symétrie axe vertical. Répétez les étapes 4 et 5 pour combler la totalité de la zone de travail.

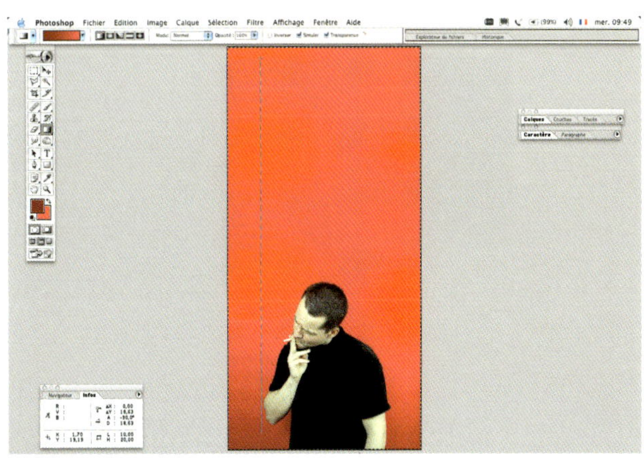

6 Créez un nouveau calque et placez-le entre celui du fond et celui du personnage. Avec l'outil Dégradé, remplissez ce calque d'un dégradé allant du rouge orangé en bas vers un rouge sombre en haut. Placez ce calque en mode Produit.

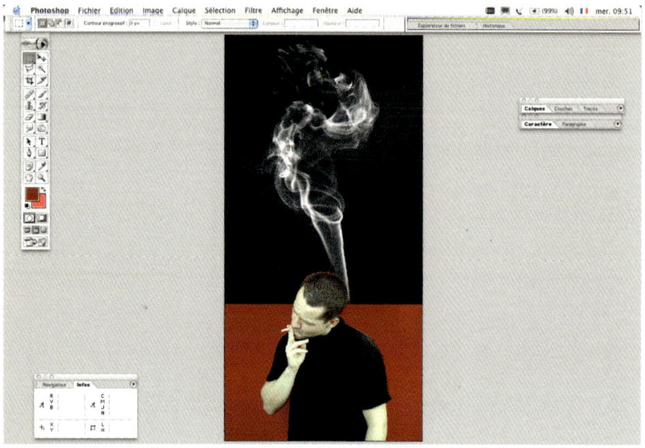

7 Ouvrez la photo de la fumée, sélectionnez-la via le menu Sélection>Tout sélectionner et collez-la sur l'image principale : un nouveau calque se crée. Passez-le en mode Superposition. Il sera placé au-dessus de celui de l'homme.

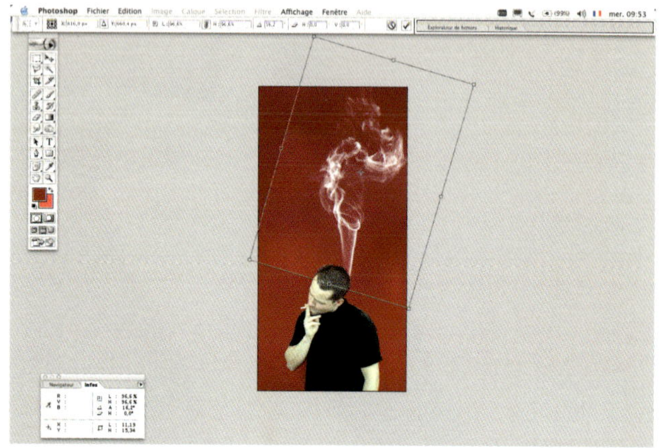

8 Rendez-vous dans le menu Édition>Transformation manuelle pour déformer la fumée afin que sa base coïncide avec la tête du personnage. À l'aide des poignées, réduisez la fumée et faites-lui subir une légère rotation.

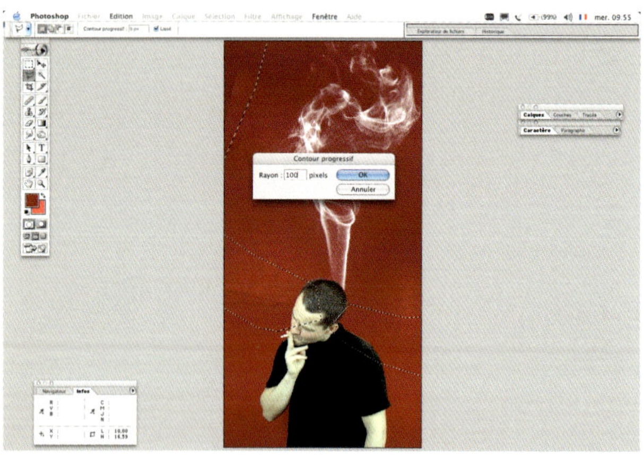

9 Le contour de la sélection de la fumée reste visible sur l'image. Pour supprimer ces traces, sélectionnez-les à l'aide du lasso polygonal (avec un contour progressif de 100 pixels) et supprimez-les via le menu Édition>Effacer.

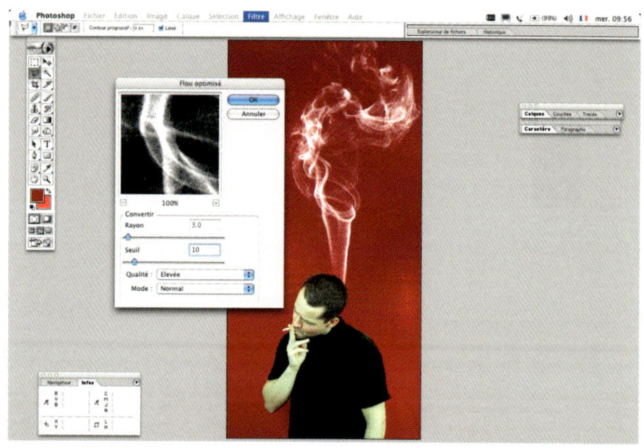

10 Il est possible que la texture de la fumée diffère de celle de la photo du personnage et qu'un léger grain apparaisse. Atténuez-le grâce au filtre Flou optimisé du menu Filtre> Atténuation, paramétré en fonction du brouillage de l'image.

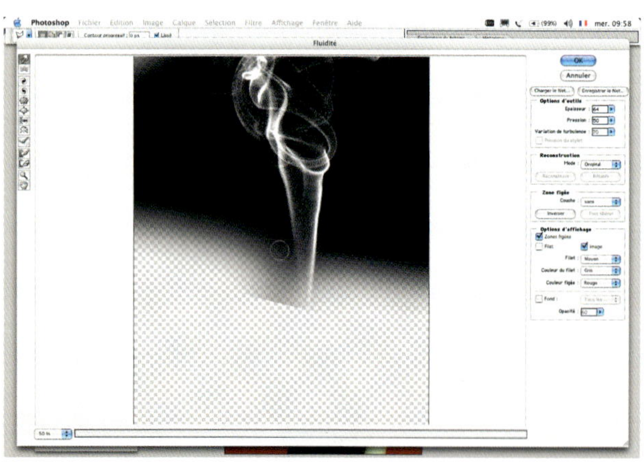

11 Pour faire coïncider la base de la fumée avec la tête du personnage, utilisez le filtre Fluidité du menu Filtre. Dans la fenêtre de ce filtre, activez l'outil Déformation, situé à gauche, paramétré avec une épaisseur de 64 et une pression de 50.

12 Avec cet outil, étirez la partie gauche de la base de la volute pour qu'elle soit plus ou moins tangente à la zone gauche de la tête. De cette façon, on aura l'impression que la fumée s'échappe de la tête.

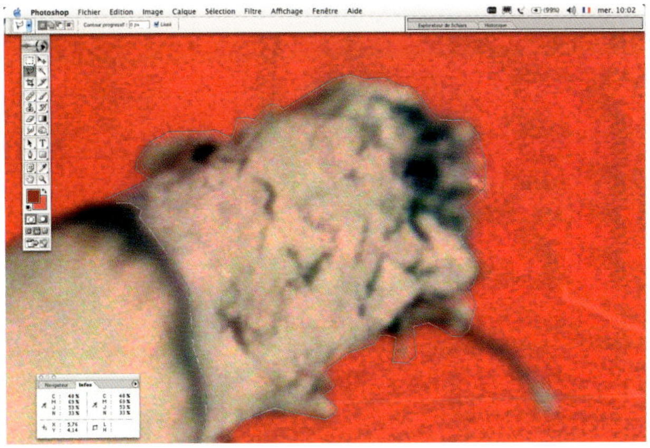

13 Ouvrez la photo de la cendre et utilisez l'outil Lasso polygonal pour détourer le bout incandescent.

14 Une fois le détourage terminé, copiez la sélection et collez-la sur l'image principale au-dessus du calque de la fumée.

15 Pour « coiffer » la tête du personnage avec la cendre, déformez cette dernière avec la fonction Transformation manuelle du menu Édition, en plaçant le bout incandescent à l'horizontale. Validez la transformation par Entrée.

16 Puis, toujours avec la fonction Transformation manuelle, ajustez ce bout de cigarette en utilisant les poignées de déformation. Ces poignées peuvent être utilisées individuellement en maintenant la touche Ctrl (sur Mac) enfoncée.

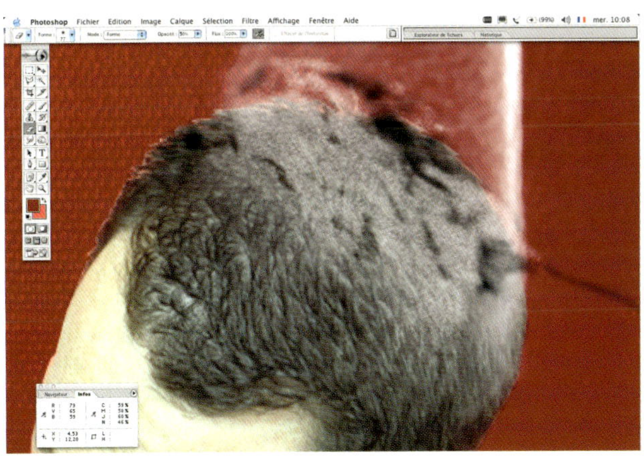

17 Pour terminer le raccord entre la cendre et la tête, utilisez l'outil Gomme en le paramétrant comme indiqué. Donnez de petits coups sur la jonction des deux éléments pour faire apparaître progressivement des cheveux.

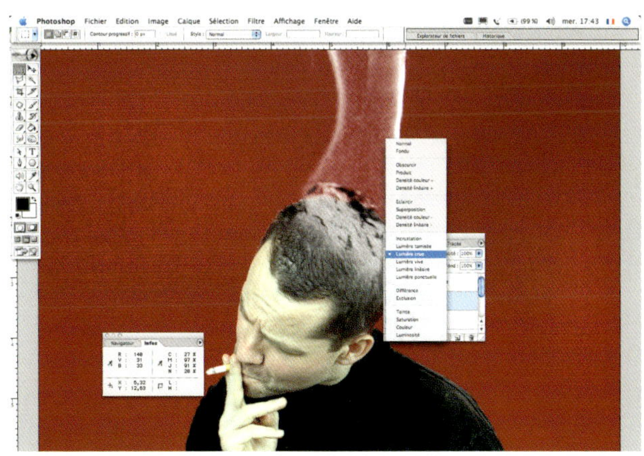

18 Placez ce calque en mode Lumière crue, et, pour renforcer sa visibilité à travers les volutes de fumée, dupliquez-le.

Index

Conception maquette et mise en page : Nord Compo

IMPRESSION, BROCHAGE

imprimerie CHIRAT

42540 ST-JUST-LA-PENDUE
JUILLET 2007
DÉPÔT LÉGAL 2007 N° 5709

Numéro d'éditeur : 7266

IMPRIM'VERT
Votre imprimeur agit pour l'environnement

Cet ouvrage est imprimé, pour l'intérieur, sur de l'Hannoart silk
et pour la couverture sur du Triple Star brillant certifiés FSC et PEFC,
fabriqués par SAPPI et distribués par Papeterie de France.

Papiers fabriqués à partir de bois issus de forêts gérées durablement.

Imprimé en France